限界のタワーマンション

榊 淳司
Sakaki Atsushi

a pilot of wisdom

目次

はじめに――タワーマンションの寿命は三〇年で尽きる――9

序章　タワーマンションが大好きな日本人――17

イギリス人はタワーマンションをどう考えるか／高層住宅は主に低所得者向けの住まい／オランダと日本での意識調査／四戸に一戸がタワーマンションという時代／成功してタワーマンションを買う人々／「タワマン購入者は見栄っ張り」

第一章　迷惑施設化するタワーマンション――33

タワマン銀座・武蔵小杉の悲惨な状況／混雑度は緩和されているか？／「繰り返される〝痛勤地獄〟」／寒空や炎天下の中を歩かされる園児たち／

タワマン住民の関心事は「資産価値を守ること」／なぜこんなことになったのか？／川崎市は今後もタワマンの建設を容認するか？／もんじゃの街・月島からタワマンの街へ／なぜ月島なのか？／自治体の思惑／「再開発タワマン」が生み出される仕組み／タワマン建設による「犠牲者」は誰か？／タワマンに住みたくないから「番町」を選んだのに……／なぜ番町にはタワマンがないのか？／高層ビルは必要なのか？／「タワマン」に〝NO〟を突き付けた神戸市／住宅の業界人はタワーマンションに住んでいない／タワーマンションは未完成の住形態／タワーマンションの歴史は実質二〇年／タワマンによって都心居住が可能になった／タワマンが郊外の空き家を増やし、ニュータウンの高齢化を助長？／タワーマンション繁殖の遠因は敗戦後の住宅不足／タワーマンションは日本の住宅政策の象徴

第二章　タワーマンション大規模修繕時代

タワーマンションの大規模修繕は想像以上に困難／二回目の大規模修繕はさらにハードルが上がる／スーパーゼネコン五社が見積もりを辞退／二〇二二年前後にタワマン大規模修繕のピーク／二〇三七年、いくつかのタワーマンションが廃墟化する／マンション管理の主体は管理組合／そもそも区分所有法が制度疲労を起こしている／現状では理事長のやりたい放題が可能／理事長になればすべてを支配できる／理事会の腐敗はタワーマンションで起こりやすい／タワマン管理組合にとっての「特別決議」とは／外部から監事を招いた都心のタワーマンション／タワマンだからこその問題点／「廃墟化」を回避するには／投資目的で購入されたタワマンの末路／資産価値のあるマンションは特別決議もやりやすい

第三章　災害に弱いタワーマンション――129
長周期地震動という新たな脅威／長周期パルスでタワマンが倒壊する可能性も／大阪北部地震でエレベーターが停まった！／非常用電源が七二時間あったとしても、その後は……／電力供給が途絶えると、水も出ないのがタワマン／湾岸エリアは液状化でトイレが完全に使えなくなる／不動産価値も下落する／タワマン住民で避難所が溢れる／タワーマンションで火災が起きたらどうなるのか／繰り返されるマンション建設における不正と施工不良／すべては本当に地震がやってきた時に明らかになる

第四章　タワーマンションで子育てをするリスク――163
タワマンに住むと心身の健康に支障をきたす？／タワーマンションで育つと近視になりやすい？／「二五階以上で生存率ゼロ」／タワマン育ちの子どもは「高所平気症」になる／

「タワマンの子どもは成績が伸びない」／子どもが高層居住によって失うもの／
階層ヒエラルキーはあるのか？／子どもの心を蝕む階層意識／
タワマンは「人間の業」を象徴／
ヨーロッパの国では高層階での子育てをしないよう指導

終　章　それでもタワーマンションに住みますか？――185
日本人がタワーマンションを喜ぶことの不思議／
少なくとも、女性と子どもはタワーマンションを避けるべき／
すべてのマンションは、いつか廃墟になる／
すでにタワーマンションは必要とされていない／
タワマン建設という愚行に終止符を

おわりに――200

彼らはまた言った、「さあ、町と塔とを建てて、その頂を天に届かせよう。そしてわれわれは名を上げて、全地のおもてに散るのを免れよう」。

（旧約聖書・創世記第一一章）

はじめに——タワーマンションの寿命は三〇年で尽きる

——分譲タワーマンションの建造は、日本人の犯している現在進行形の巨大な過ちである。

私はそう確信した。

タワーマンション（タワマン）とは一般に、二〇階以上の鉄筋コンクリート造の集合住宅のことをいう。

私はこの本を書くために、何年もの時間を費やしてタワーマンションについてのさまざまな資料を集め、取材を重ねた。その結果、タワーマンションという住形態がかなりのレベルで不完全かつ無責任なものであるという現実を、目の前にまざまざと突き付けられたのだ。

もしかして、これは旧約聖書に記された「バベルの塔」の建造に等しい、日本人の犯している壮大な過ちではなかろうか。

バベルの塔を造ろうとした人類は、神の怒りを招いた。その結果、人類は恐ろしいばかりの分断を招いてしまう、という神話だ。

しかし、この神話は日本の未来を暗示しているように思える。

私は、タワーマンションを購入し、住んでいる人にも近い未来に恐ろしい不幸がやってくるのではないかと考えている。

そのことをほとんどの人は気付いていない。ましてや、多額の費用を払ってタワーマンションを購入し、そこに嬉々《きき》として暮らしている人は、この不都合な現実から目を背けている。


規模の大きなタワーマンションは一見華やかである。特に新築のタワーマンションはピカピカと光り輝いている。

一歩エントランスに足を踏み入れると、まるで一流のシティホテルのような趣のラウンジがある。フロントカウンターにはきちんとした身なりのコンシェルジュがいる。

「お早うございます」

「行ってらっしゃいませ」

「お帰りなさい」

彼ら彼女らが毎日、笑顔であいさつをしてくれる。

「タクシーを呼んでください」

「ダウンライトの電球をください」

「一番近い小児科はどこかしら？」

こんなニーズにも、にこやかに答えてくれる。そういう日々を過ごしていると、まるでホテルで暮らしているような気分になれる。

しかし、タワーマンションはホテルではない。

タワーマンションを購入して暮らしている各人は、その建物のオーナーの一人なのだ。

そういう人のことを、専門用語では「区分所有者」と呼ぶ。

――オーナー（区分所有者）であるとは誇らしい。

誰もがそう考えるだろう。確かに、高額なタワマン住戸の所有者であることは、一見輝かしいかもしれない。

しかし、それはあくまでも一見である。

マンションの区分所有者には、その住戸に住めるという権利とともに、義務も生じてくる。そのマンションを保全するための費用を負担し、時には必要な業務を担う、という責務が課せられるのだ。管理費や修繕積立金を支払い、順番が回ってくれば管理組合の理事や理事長としての責任を果たす、ということだ。

タワーマンションは、その建築構造上の宿命として高額な保全費用がかかる。タワマンの保全に必要な修繕費は、通常のマンションである「板状型」に比べて二倍以上である。さらに、その額は築年数を重ねるごとに膨らんでいく。

大規模な修繕工事は、おおよそ一五年に一度の割合で必要とされる。築三〇年ほどでエレベーターや給排水管の交換が必要になってくる。

二〇〇〇年頃から大量に供給が始まったタワーマンション群は現在、一回目の大規模修繕工事のラッシュを迎えている。次のラッシュは今から約一五年後。その時には多くのタワマンが築三〇年となる。しかし、すべてのタワマンが今から約一五年後の大規模修繕工事をやり遂げられるとは限らない。

詳しくは本書で述べるが、タワーマンションは、外壁の修繕工事を行わなければ雨漏りが発生しやすい建築構造になっている。したがって、定期的な大規模修繕が欠かせない。しかし、そのための積立金が不足しているタワマンが実はかなり多いのではないかと指摘されている。積立金が不足すれば、臨時に徴収するか、銀行から借り入れるしかない。そのことに、数百から数千戸単位の住民同士が合意形成できるのだろうか?

約一五年後、二回目の大規模修繕工事を行うことができないタワマンは、雨漏り、あるいは給排水やエレベーターの不具合などで、かなり住みにくい状態になる可能性が高い。もちろん、資産価値も急激に低下する。

そういうタワマンからは多くの人が退去するだろう。その結果、価格が付かないほど資産価値が低下すれば、廃墟化《はいきょか》するはずだ。

これは絵空事ではない。

野村総合研究所のレポート（二〇一八年六月一三日）によれば、二〇三三年には空き家率が二七・三パーセントとなり、住宅市場は完全な供給過剰状態になっている。人口減少が続く以上、住宅の余剰感は次第に深まる。

そんな中で、建物の保全に恐ろしく費用がかかるタワーマンションは住宅市場のお荷物と化している可能性が高い。

つまり、多くのタワマンの寿命は築三〇年で尽きることが見えてくる。

そこを何とかクリアして生き残ったタワマンの中で、築四五年前後に必要な第三回目の大規模修繕工事を無事にやり遂げられる物件はいったいどれくらいあるのだろうか。

都心の人気エリアに立地する物件なら、築四五年のタワーマンションでも資産価値をそれなりに維持できるはずだ。しかし、それ以外の場所にあるタワマンは、築三〇年の大規模修繕を何とかやり遂げたとしても、築四五年を超えては住宅として機能しなくなるのではないか。

なぜなら、築四五年前後で行うべき大規模修繕は、それまでの二回以上に多くの費用がかかるからであり、都心に立地するほんの一部の資産価値が高い物件を除いて、大半のタワマンでは実行できない可能性が高いと私は考えている。多くの区分所有者は高額の一時金徴収に反対するだろう。さらには板状型に比べてランニングコストは二倍以上に値上がりしているはずだ。

三〇年後の住宅市場を今の感覚で予測してはいけない。今後加速化する人口減少と住宅余剰は、四五年の間に何度も資産価値の大幅な下落を導くはずだ。資産価値が今の数分の一になったタワマンの区分所有者たちに、多大なコストを投じて大規模修繕を行うというモチベーションは生まれないだろう。そうなれば、資産に余裕のある人から退去が始まり、後はもう廃墟化への一本道になりそうだ。

タワーマンションは通常の板状型に比べて、こういった爆弾を抱えている。遅くとも築四五年以降に廃墟化する可能性が高いのだ。

これは、かなり実現性の高い未来図である。

この他にも、タワーマンションという住形態にはさまざまな疑問がある。

結論からいえば、今の日本の住宅事情の中でもうタワーマンションは必要ない。

さらに、第四章で詳しく触れるが、タワーマンションは人間の健康や成育に看過できない悪影響を及ぼしている可能性もある。現時点では、タワーマンション居住の健康への影響を調査する研究自体が圧倒的に少ない。国土交通省や厚生労働省のような関係省庁や建築や医学に携わる人々は、そのことに対してもっと敏感になるべきである。

本書は、多角的な視点からタワーマンションという住形態について考察しているが、少なくとも現段階でいえるのは、「タワーマンションで子育てをするべきではない」ということだ。そこには害悪ばかりが目立ち、残念ながらメリットはほとんど見出《みいだ》せなかった。

結論を先取りして言えば、あらゆる意味でタワーマンションという住形態は限界にきている。

本書はそういった観点から、多くの日本人が住みたがっているタワーマンションという住形態の、さまざまな死角に光を当ててみたい。

序章　タワーマンションが大好きな日本人

イギリス人はタワーマンションをどう考えるか

「そうだね、特に変だとは思わないよ」

私の前に座った二人のイギリス紳士は、お互いをちらっと見合ってから、片方の紳士がそう答えてくれた。もう一人もウンウンと頷《うなず》いて同意している。

彼らのその回答は、私の次のような質問に対するものであった。

――チャールズ皇太子は、超高層建築を嫌悪する発言を繰り返しておられるが、これについてイギリスの人々は抗議したり異論を唱えることはないのか？

二人にとって、チャールズ皇太子の高層建築嫌悪の発言は、特に違和感を抱くほどのことでもないらしい。

彼らによれば、イギリス人にとって、チャールズ皇太子がことあるごとに超高層建築に対して「醜い」とか「見るに堪えない」と発言することは、ありふれた光景になっているという。そのことに対してイギリスの人々が違和感を持たないということは、皇太子の認識は彼らにとって受《う》け容《い》れがたいものではなくて「ああそうだね」と感じる共通認識なのだろう。

そういう彼らにとって、超高層建築であるタワーマンションがハリネズミの背中のように立ち並んでいる東京の街の風景はどう映っているのであろうか。

取材に応じてくれた二人のイギリス紳士は日本での暮らしが長い。一人は奥様が日本人だという。共にイギリスの名門大学を卒業したということだった。

彼らは非常に抑えた表現ながら、東京の住宅のクオリティがイギリスのそれに比べて拙劣であり、まちづくりが「残念」であると語ってくれた。

また、肝心のタワーマンションについては肯定も否定もしなかった。そこで、私は次のように尋ねた。

――ロンドンの一等地に日本のタワーマンションのような住まいがあったとすると、上流階級の人たちは買うだろうか？

彼らはこの質問にも二人で目を合わせた後で明解に答えてくれた。

「主たる住まいとしては買わない」

まあ、本来の居住地であるカントリー（田園）から大都市であるロンドンへ仕事などでやってきた時に、一時的に使う住まいとしてなら「可能性はあるかもしれない」という言い方だった。

日本においては、比較的高収入の人々がこぞってタワマンに住んでいる印象だが、イギリスでは異なるようだ。少なくとも彼らにとって一生の住まいとして購入する類のものではないということだろう。

高層住宅は主に低所得者向けの住まい

二〇一七年の六月、ロンドン西部の北ケンジントン地区にある二四階建ての高層住宅で火災が発生した。死者は七〇人を超えた。

日本でもテレビ番組などで盛んに映像が放映されたので覚えている人も多いはずだ。

そういった番組を見ていると、招かれた専門家に対して司会者が発する質問には見事に共通点があった。

「日本のタワーマンションでも同じようなことは起こりますか?」

結論からいえば、理論的にはああいった燃え方はしないはずだ。しかし、それを詳しく解説するのは本書の目的ではない。あのニュース報道で、司会者やコメンテーターたちがほとんど注目しなかったのは、火災が発生した二四階建ての住宅の位置づけである。

――低所得者向けの公営住宅

公営住宅ということは、日本でいえばUR都市機構や自治体の住宅供給公社が運営する集合住宅と似たようなものなのだろう。日本でも公営の賃貸住宅で、タワーマンションタイプの物件がある。

しかし、それは「低所得者向け」ではない。むしろ通常タイプの公営住宅に比べて家賃は高く設定されている。

先ほどのイギリス人に聞いた。

「イギリスではああいった高層住宅は低所得者が住んでいる、というイメージなのか」

彼らの答えは「一般的にはそういうイメージだ。しかし、富裕層向けの超高層住宅もある」というものだった。すべての超高層住宅が低所得者向けというわけではないが、一般的にはそういった印象なのだろう。

イギリスやEUの国々では一九九一年以降、高層住宅がほとんど建設されなくなった（「ヨーロッパにおける高層集合住宅の持続可能な再生と団地地域の再開発」財団法人経済調査会経済調査研究所、二〇〇九年）。第四章で後述するが、イギリスでは一九六〇年代から七〇年代にかけて行われた研究で「就学前の子どものいる家族は高層階に住むべきではない」という論考も発表された。そうしたことが影響しているのかもしれない。

オランダと日本での意識調査

私がタワーマンションについて直接話を聞けたのは、先にあげたイギリス人お二人だけである。それだけで「ヨーロッパ人はタワーマンション的な住まいにマイナスの感情を抱いている」と考えるのは早計かもしれない。

そこで、オランダのアムステルダムに住む知人を介してアンケート調査を行った。当然、地元であるオランダ人からの回答が多いが、他の国の出身者にも回答してもらった。

設問は以下の通りである。

1 生まれた国
2 年齢
3 性別
4 超高層住宅（super high-rise building）に住んでみたいと思うか
5 超高層住宅で子どもを育てたいと思うか

6　あなたがロンドンやニューヨークに住むならば、超高層住宅を選ぶか

7　超高層住宅についてあなたの考えは（フリーアンサー）

回答してくれたのは五〇人。生まれた国はオランダが二四人。隣国ドイツが一四人、イギリスが三人、イタリア三人、その他が六人。回答者の平均年齢は二八・八歳だった。男性が三〇人で女性が二〇人。

設問4「超高層住宅に住んでみたいと思うか」に対する「YES」は一六人。設問5「超高層住宅で子どもを育てたいと思うか」について「YES」は五人。子育てを念頭に置くと、ぐっと「YES」の回答率は下がる。やはり子どもを育てるとなると、忌避する人が多いようだ。設問6「あなたがロンドンやニューヨークに住むならば、超高層住宅を選ぶか」については半数を超える二七人が「YES」と答えた。

設問7については、否定的な意見が多く書きこまれていた。

「刑務所のようだ」

「建築科の学生ですが、心理学や空間力学上で大きな問題があると思う」

「とても醜くて受け容れがたい」

一方で、やや肯定する意見もあった。

「小さな土地を活《い》かすためには有効かも」

「私が知らないところにあるのなら構わない」

ただ、総じて否定的な意見が多かったのは事実だ。超高層住宅で子育てをすることに「YES」と答えたのが全体の一〇パーセントだったことからして、彼らの価値観が伝わってくる。

もちろんこの結果だけで、オランダに住む人々の多くがタワマンに否定的であると結論付けるつもりはない。ただし、日本における一般的なタワーマンションのイメージとはだいぶ異なることがお分かりいただけるのではないだろうか。

四戸に一戸がタワーマンションという時代

一方の日本では、タワーマンションについては、総じて好印象の人が多いのではないだろうか。それを証明するのが次頁のグラフだ。不動産経済研究所が二〇一八年の四月に発

1976～2022年以降

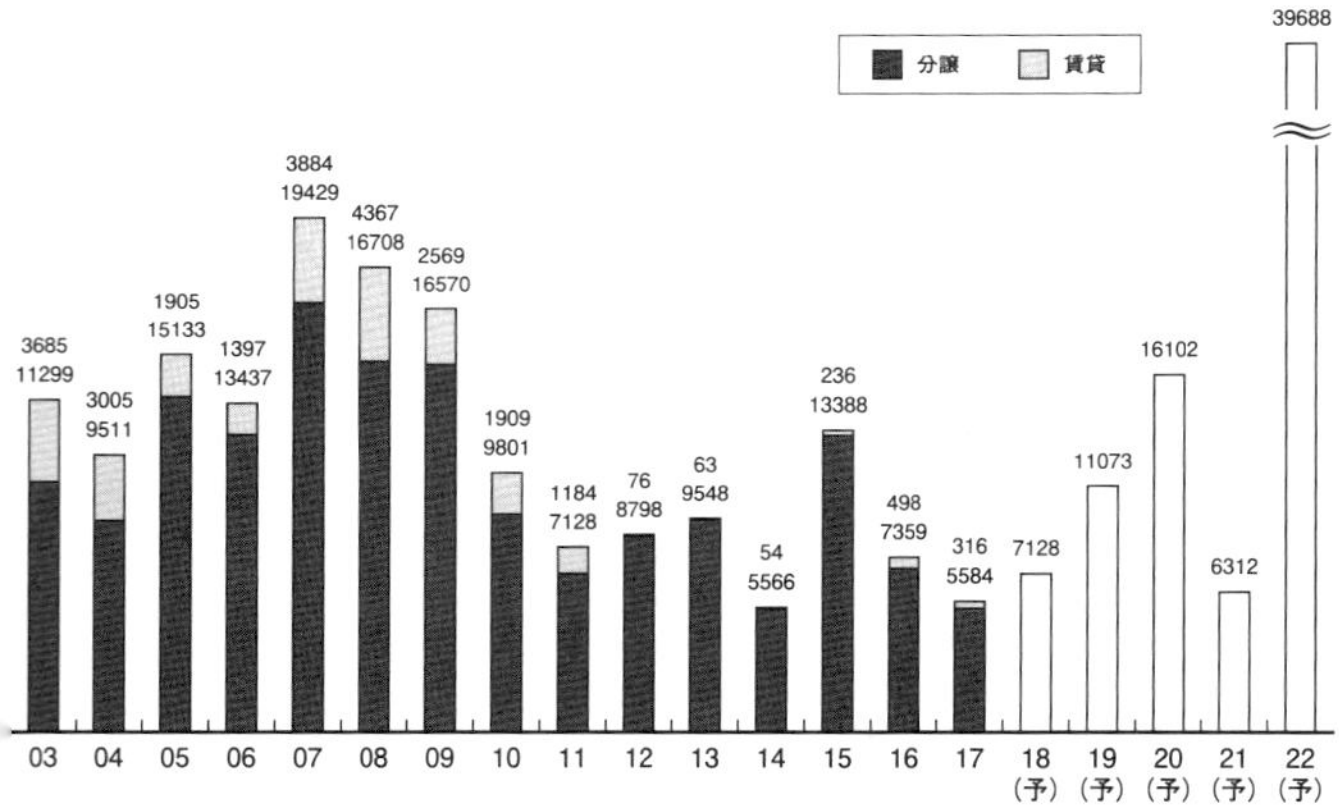

（2018年3月末現在）

表した「超高層マンション市場動向」によると、二〇一八年以降に完成を予定している超高層マンション（二〇一八年三月末現在）は全国で二九四棟、一〇万八七五七戸になるという。さらに首都圏で二〇一八年から二〇二二年以降に供給される予定のタワーマンションは八万戸余り。年間のマンション供給戸数が三万戸から四万戸前後と考えれば、四戸に一戸程度の割合で、タワーマンションになる予定だ。もはやタワーマンションは新築マンション市場の主役といっていい存在なのだ。

なぜこれほどまでにタワマンが建設さ

図1　超高層マンション竣工・計画戸数（首都圏）

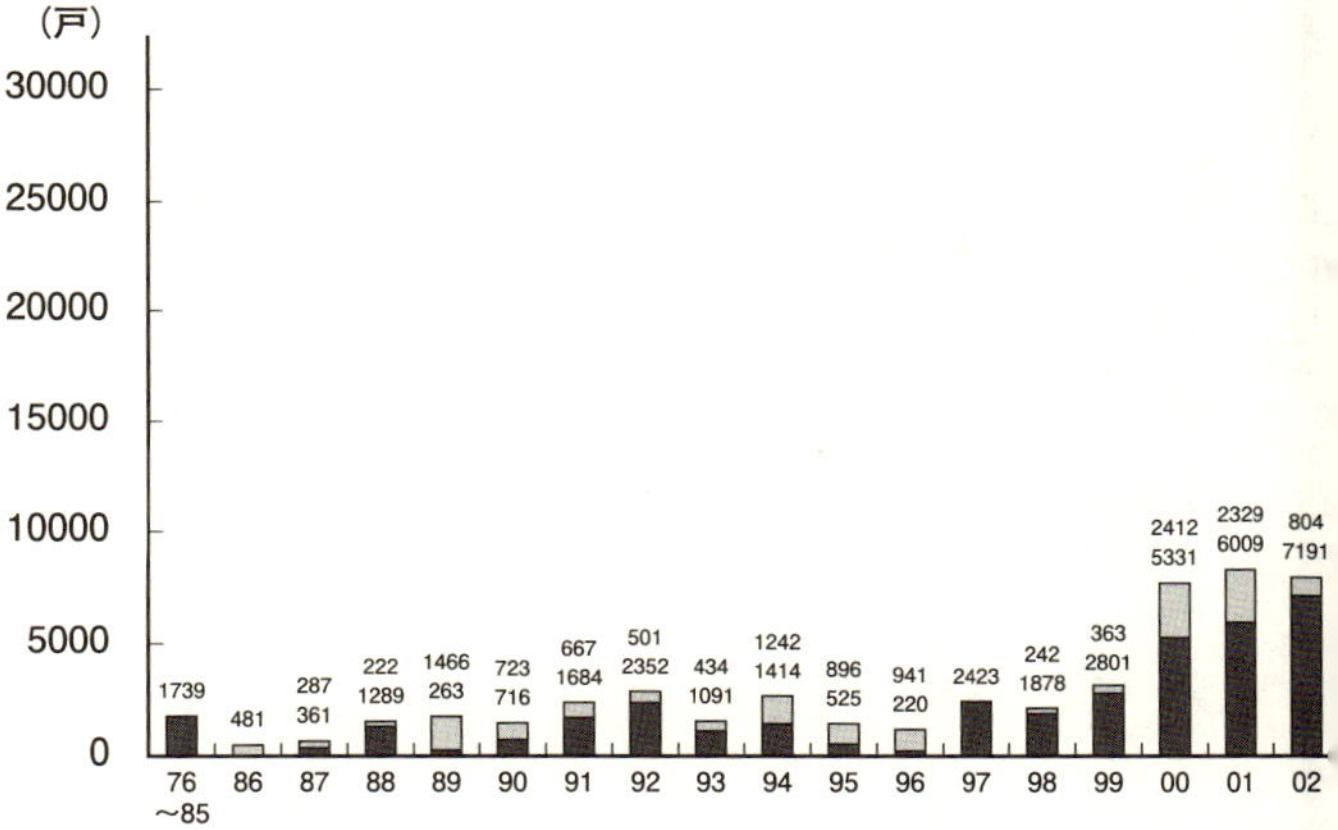

（不動産経済研究所「超高層マンション市場動向 2018」より）

れるのだろうか。

その理由としてまず考えられるのは、タワーマンションは限られた敷地でも多くの住戸を作れること。タワーマンションの売主となるデベロッパー側にとってそれは、売上の増加につながる。もちろん、そこには巨額の利益が生み出される。だから、デベロッパー側は可能な限りタワーマンションを作ろうとする。

厄介なことに、タワーマンションの開発は往々にして行政側にも利点を生み出す。住人が増えれば住民税などの税収も一気に増える。建物については固定資産税を徴収できる。だから、行政サイドが積極的に規制を緩和してタワーマンションの建設を半ば促進しているケースもよく見かける。

例えば、「タワマン銀座」として名高い神奈川県川崎市の武蔵小杉エリアでタワーマンションが乱立状態になるほど開発されたのも、川崎市側が規制緩和を行った側面も大きい。公共施設をタワマン内に設ければ、その建設に対して補助金を出す自治体もあるので、官民一体となってタワマン建設が行われていると言っても過言ではない。

成功してタワーマンションを買う人々

一方、購入する側にもタワーマンションを受け容れる土壌が十分にある。

二〇一八年八月に大阪府内の警察署に留置されていた容疑者が、接見室のアクリル板を蹴破って逃走。その後ひと月以上も身柄が確保されないという事件が起こった。その容疑者は過去に受刑歴があった。

あるメディアでは同じ刑務所に服役した男性らの談として、その容疑者はクラブやカフェなどの経営が夢で、「成功して、大阪のタワーマンションに住みたい」と周囲に語っていたことが報じられていた。

成功したらタワーマンション……。この容疑者に限らず、こうした声はよく聞かれる。日本において、タワーマンションには「成功の証《あかし》」といったイメージが一部にあることも事実だ。これまでの取材を通して、そのような声をたくさん聞いてきた。また、実際にそのような購買行動が取られることによって、タワーマンションはよく売れてきた。タワーマンションを販売する側も、消費者のそういった心理をよく理解している。

「タワマン購入者は見栄っ張り」

私がかつて新築マンションの分譲広告を制作していた時、ある財閥系大手デベロッパーが社内向けに制作した販売企画資料の中に「湾岸のタワーマンション購入者は基本的に見栄っ張り」と、明解に書かれていたのを覚えている。売主からして、湾岸エリアで販売するタワーマンションのターゲット層が見栄っ張りであると理解した上で、彼らの購入マインドを刺激する広告デザインや販売センターの演出を行っているのだ。

現在の私は一般消費者からマンション購入の相談に与《あずか》る機会も多い。もう一〇年近くもそういった相談を受けていて気付いたことがある。

東京のタワーマンションを購入しているのは地元出身者というよりも、大学への入学や就職によって移住してきた地方出身のニューカマーが多いのだ。特に湾岸のタワーマンションを躊躇《ちゅうちょ》なく購入するのはニューカマー、という印象を抱く。

実際にそういったことを傍証する調査結果もある。二〇一〇年三月に明治大学文学部の川口太郎教授による住環境研究会が発表した「ゼロからの豊洲――湾岸タワーマンションに住む人々」である。タワーマンション住民へ、居住に関するさまざまなアンケート調査を行っている。配布数は一九一六通。回収できたのは二九八通、回収率は一五・六パーセントであった。その中で夫婦の中学校卒業時の居住地が東京二三区内であったのは二〇パーセント程度。中学校卒業時の居住地を出身地と仮定すると、八〇パーセント近くが二三区外からの流入者と言える。東京圏（一都三県）にまで範囲を広げると、五〇パーセント以上が東京圏以外の出身者であった。

また、タワーマンションを購入しているのは、主に「パワーカップル」と呼ばれる共働きで世帯年収が一四〇〇万円以上の人たちといわれる。これらから見えてくるタワーマンションの主な居住者像は、地方出身者で、ビジネスにおいても一定の成功を収めたカップルだ。この結果は私が従来抱いてきたイメージと合致する。

しかし、タワーマンションに住むということは、果たして成功の証となり得るものなのだろうか？　次章以降で詳しく掘り下げてみよう。

第一章　迷惑施設化するタワーマンション

タワマン銀座・武蔵小杉の悲惨な状況

「三〇分早く自宅を出る方が多いようですよ」

私にそう話してくれたのは、神奈川県川崎市の武蔵小杉エリアで活動する市民グループ「小杉・丸子まちづくりの会」（以下、まちづくりの会）に参加している方々だった。

「三〇分ですか……」

私はそれを聞いて唖然《あぜん》とした。

まちづくりの会では、二〇一七年の六月から八月に武蔵小杉駅周辺の住民に対してアンケート調査を行っていた。その中の「武蔵小杉を住居に選んだ理由」という問いに対する回答の中で一番多かったのが、「交通の便がよい」、二番目は「駅から近い」、三番目は「通勤に便利」となっている。交通の便がよくて駅に近く、通勤に便利な住居を選んだのに、通常の三〇分も早く自宅を出なければいけないとは、本末転倒ではないか。

ＪＲ横須賀線の武蔵小杉駅が開業したのは二〇一〇年。東京へも、横浜方面へもアクセスが一気に便利になった。しかし、武蔵小杉から電車に乗って三〇分あれば軽々と大船あたりまで行けてしまう。朝、三〇分自宅を早く出るのなら、時間的には大船に住んでいるのと同じことになる。

混雑度は緩和されているか?

「改札の前に長蛇の列、三〇分待ち」

二〇一七年の一一月、JR横須賀線・武蔵小杉駅における朝のラッシュ時の混雑ぶりが複数のメディアで報道された。ホームにたどり着くまで三〇分、というのはいかにも異様だ。しかも、一般には交通利便性が高いと考えられるタワーマンションの街・武蔵小杉においてだ。

それ以来、さまざまなメディアが取材に押し掛けたという。

私がまちづくりの会を取材するために、武蔵小杉を訪ねたのは二〇一八年の七月中旬。横須賀線の改札で駅員さんに「最近の混雑ぶりはいかがですか」と尋ねると、警戒感も露《あらわ》に「いいえ、最近はそれほど混雑していませんよ」という答えが返ってきた。

まちづくりの会によれば、一時期よりも混雑度が緩和されたそうだ。確かに、二〇一八

図2　武蔵小杉駅の通勤ラッシュ時の様子

（2017年1月撮影。「武蔵小杉駅を良くする会」作成資料）

年四月には通勤ラッシュの時間帯限定で改札口も増設された。また、二〇一九年三月にはダイヤ改正も行われた。着実に混雑緩和に向けて進んでいるようだが、まだまだ根本的な解決には至っていないという。

「繰り返される“痛勤地獄”」

まちづくりの会と並行して発足した「武蔵小杉駅を良くする会」（以下、良くする会）では、こうした異常ともいえる混雑ぶりを解消するためにさまざまな取り組みを行ってきた。

上の写真は、朝のラッシュ時に撮影されたものだ。ようやくホームにたどり着いても、待ち受けているのはこのようなすし詰め状態の車内だ。また、ホームが混雑していると、転落の危険もある。

二〇一九年の三月上旬に川崎市に取材したところ、JR東日本が公表しているホームドア整備計画では、南武線については二〇二五年度末までに整備される路線に含まれているとのことであった。一方、横須賀線については二〇三二年度末頃までに整備される路線とされているが、横須賀線を走る車両にはさまざまな種類があってドアの位置を固定しにくいという問題があるのではないかとのことであった。

さらに、横須賀線・武蔵小杉駅には新たに下り線の専用ホームが設置されることになっている。二〇二三年の使用開始が目標だという。

寒空や炎天下の中を歩かされる園児たち

武蔵小杉の街を歩くと、気付くことがある。公園をほとんど見かけないのだ。

まちづくりの会の方々に聞くと、保育園も不足しているという。それはそうだろう。後述するようにタワーマンションによって短期間に七〇〇〇もの世帯が増えたのだ。千人単位で保育園を増設しないと足りなくなる。

タワマンは通常のマンションに比べて世帯数が数倍以上に膨らむ。人口が増えれば当然保育園や小学校への入園・入学者が一気に増加するのだ。

川崎市の担当者に尋ねたところ「タワマンができ始めた頃にはその価格が高額なことから、子育て層よりも年齢的に高い人々の購入が中心であると想定していたところはあった。しかし、現在はしっかりと予測を立てて保育園や小学校の新設や増設を行っている」ということだった。

確かに、国の基準による待機児童の数は、二〇一九年四月時点では、武蔵小杉駅のある中原区で五人ということになっている。川崎市の保育園関連の予算も二〇一九年度は一一・四パーセントも増額された。市として認可保育所の新設等により待機児童の解消に取り組んでいる姿勢は窺《うかが》える。

しかし、現状で武蔵小杉のタワマン街区には子どもたちが遊べる公園が少ない、というのは厳然とした事実だ。タワマンを作る際に設けた公開空地は、居住者以外も通り抜けはできるが、そこは「公園」ではない。子どもの育ちに必要なのは、安心して自由に遊べる空間だ。

まちづくりの会によれば、この地域で子育てをする人々は、ショッピングモールの屋上などで遊ばせる人が多いという。また、園庭のない保育園が急増したため、寒空でも炎天下でも保育園児が数珠つなぎになって公園へ出掛ける姿が街のあちこちで見られるとのことだった。

武蔵小杉駅周辺は、かつてさまざまな企業の工場やグラウンドなど、大きな敷地がたくさんあった。こうしたまとまった敷地があったからこそ、今日のようなタワーマンションが密集する地域となったわけだが、その陰で、子どもたちの遊び場が失われているのではないだろうか。立派な公園でなくてもよいから、せめて囲いがあって、車や自転車の出入りがなく、安心して遊べる空間があればよいのだが……。

タワマン住民の関心事は「資産価値を守ること」

前述のように、まちづくりの会では、二〇一七年六月から八月にかけて武蔵小杉駅周辺の居住者に、タワーマンションに関するアンケートを行っている。三〇〇〇戸に配布し、約四五〇件の回答を得た。タワーマンション居住者からも三〇件の回答が寄せられた。

それによれば、住みよいまちづくりのための意見としては、「超高層マンションはもういらない」とする意見がトップで八割近くとなった。

また、不便に感じる点として「ビル風が強い」が最多で七二パーセント、「駅の混雑が大変」は五五パーセント、「駅周辺に公園や緑地がない」は四一パーセントと続いた。

まちづくりの会としても、これ以上、武蔵小杉にタワーマンションを建てないでほしいと自治体に要望を出しているが、この件で新住民であるタワマン居住者との連携はあまりうまくはいっていないとのことだった。このアンケートでは、タワマン居住者も三割が「もう建てないでほしい」と回答してはいたが、自分がタワーマンションに住んでいて、もう建てないでほしいというのは、なかなか発言しづらいだろう。

一方、武蔵小杉駅の混雑緩和を目指している良くする会の人々が、あるタワマン住民と直接話したところ、「駅の混雑を強調しないでほしい」と言われたそうだ。そこで、「タワーマンションに住むみなさんの関心事はどんなことですか?」と尋ねたら、「資産価値を守ることです」と返されたそうだ。つまり、駅の混雑を強調すれば、武蔵小杉に住もうとする人々が減り、自分のマンションも売れなくなると考えているのだ。しかし、資産価値を守るのと引き換えに、自らの居住快適性を放棄するのは本末転倒のような気がするのだが……。

このように、古くから住む住民と新住民であるタワマン住民との間には深い溝ができている。この例に限らず、地元の自治会が主催する盆踊りなどの祭りも、タワーマンション住民は参加するだけで、運営には関わらないなど、旧住民とのコミュニケーション不足も指摘されている。

武蔵小杉では、インフラの崩壊のみならず、コミュニティの分断も生まれているのだ。

なぜこんなことになったのか？

武蔵小杉エリアは二〇〇八年頃からタワーマンションの竣工《しゅんこう》ラッシュとなっている。二〇一八年末までに合計一四棟、七〇〇〇戸超の住戸が完成。そのほとんどが完売して人が住んでいる。単純に一住戸に三人としても約二万一〇〇〇人の住人が増えたことになる。

タワーマンションを建設するには、行政が容積率を緩和しなければならない。武蔵小杉の場合、規制を緩和するのは川崎市だ。タワーマンション内に公共施設が設けられている場合は、川崎市からその建設に対して補助金も出ている。

この武蔵小杉という郊外の街で、これほど過密にタワーマンションを建設する必要性がどれほどあったのだろうか。

また、これらのタワーマンションを購入して住んでいる三〇代から四〇代の人々は、あと三〇年もすればほぼ現役を離れて年金生活となるはずだ。その時に、一住戸あたり三〇〇万円超と予測できる大規模修繕工事の費用は、管理組合の積立金としてきちんと積み上がっているのだろうか。詳しくは第二章で触れるが、積立金不足に陥っていると思われるタワマンは、実はかなり多い。もし足りないとすれば、臨時の徴収ができるのだろうか。

大規模修繕が予定通り行われないとすると、あとは廃墟化への道が待っている。過密に立ち並んでいるタワーマンションのいくつかが廃墟化した場合、この武蔵小杉という街はどうなるのか。

今、この街は輝いている。しかし、三〇年後には果たしてこれほどの輝きを維持しているだろうか?

川崎市は今後もタワマンの建設を容認するか?

しかし、それでも武蔵小杉には、今後も新たなタワーマンションの建設が予定されている。川崎市によれば、特に法律や条例によってタワーマンションの建設を抑制する考えはないという。ただし、実際には大規模に取得できる用地の確保が難しいため、これまでのように次々と建設するのは難しいだろうというのが行政サイドの見方であった。しかし、それでも少し駅から離れたところには、まだ空き地や工場がある。法的な規制がなければ、今後もタワーマンションの建設が止まることはないだろう。

本書が伝えるような、タワーマンションという住形態がいかに脆弱《ぜいじゃく》な仕組みで成立しているのか、という現実認識が広がらない限り、「タワマン建設＝街の発展・人口の増加」という基本的な考え方は変わらないだろう。

だから、武蔵小杉は今後も「タワマンの街」としてこれまでのベクトルに沿って発展していくと思われる。

しかし三〇年後、四〇年後には、現時点では予想できないさまざまな問題に苦しんでいるかもしれない。タワマンが街の発展に必要なのかどうか。今こそ、この問題に正面から取り組む必要があるように思う。

もんじゃの街・月島からタワマンの街へ

東京都中央区月島。「もんじゃ焼き」という、水で溶いた小麦粉と出汁《だし》に浸した野菜などを鉄板の上で焼いて食べる庶民の料理があり、月島がその本場とされる。

月島の中心は、俗に「もんじゃストリート」と呼ばれる西仲通り商店街だ。今や観光名所となって賑《にぎ》わいが感じられる。

ところが、この街に続々とタワーマンションが建ち始めている。

かつては対岸の築地との行き来は「佃《つくだ》の渡し」という渡し船だったが、佃大橋が完成したことで銀座側と陸でつながった。一九八八年には有楽町線が、二〇〇〇年には大江戸線が開通して、今や交通利便性の優れた都心立地となった。

タワーマンションが建ち始めたのは有楽町線が開通した頃から。最初はＩＨＩ（旧石川島播磨《はりま》重工業）が撤退した後の佃エリアからだった。そこに同じ企業グループの三井不動産が大川端リバーシティ21を建設した。やがてその波は月島側まで寄せてきた。もんじゃストリートの一画にキャピタルゲートプレイスという名のタワーマンションが竣工したのは二〇一五年の七月だった。

その後、さらにタワーマンションの計画が進んだ。二〇一九年初頭の段階では建設中のタワマンが一物件あり、現在二物件のタワマンが計画されている。

あの庶民感覚が漂い、昭和の空気が流れていた月島もやがてタワーマンションの街になってしまうのだろうか。

なぜ月島なのか?

私は、二〇一八年一一月、「愛する月島を守る会」（以下、月島を守る会）という団体に取材を行った。現在月島で計画されている二つのタワーマンションの建設に疑問を持つ人々だ。

そこで見えてきたのはデベロッパーが主導し、行政が追認するタワーマンション建設への邁進《まいしん》だった。ここにも武蔵小杉と同じ構造が存在していた。


月島を守る会によれば、反対派の人々が情報を得る機会は限られているという。計画地区の地権者でさえ、タワマン建設を推進する「月島三丁目南地区市街地再開発準備組合」に所属していない人には情報がなかなか入ってこないそうだ。

計画エリアに住んでいるという、月島を守る会のあるメンバーはこう話してくれた。

「コンサルティング会社の連中が時々こそこそやってきては、賛成派住民の家に出入りしているよ。声をかけて『今はどうなっているの』と聞いても、答えを濁したまま逃げるように帰っていくね」

タワーマンションが計画され、地域住民が反対しているエリアではどこでも同じようなことが起こっている。それは開発側が「地域住民との話し合いは十分に行っている」というアリバイ作りだとしか思えない。そのために、賛成派の住民とのみコミュニケーションを図っている構図が透けて見えてくる。

反対派の住民に計画内容を知らせるのは、すでに後戻りできないほどに中身が固まってしまってからが多い。そして反対派からの修正要求には「これは再開発組合との話し合いで決まりましたから変更できません」と押し切るつもりなのだろう。これが近年増えている手法である。

しかし、月島を守る会の人々は地元議員や弁護士、大学教授などを巻き込んで計画の一方的な進行に疑問を呈する活動や再開発に関係する住民同士の対話の場をつくる努力をしていた。一部は、再開発に向けて都市計画決定を行った中央区を相手に訴訟に持ち込んでいる。

それにしても、なぜ月島なのか。それは、デベロッパーは事業を実現することで儲《もう》かり、行政も中長期的に見て税収が増えるからであろう。さらに、月島ならではの理由を付け加えると、昔ながらの地権者の存在がある。古くからの住民にとってはタダで新築マンションの住戸をもらえるのだ。この三者のメリットが重なって、月島では巨大なタワーマンションが生まれていく。

もう少し丁寧に説明しよう。

まず、デベロッパーの側に立って見ると、月島というエリアは、どんな無理をしてでも手に入れたい土地である。

前述のキャピタルゲートプレイスは、全七〇二戸のタワーマンションである。地権者住戸として二〇七戸分が設定されていた。ということは、デベロッパーは四九五戸のタワマンを事業化できたことになる。これは実に美味《おい》しい事業だと思う。

私は新築マンションの資産価値などについてアレコレとモノをいうことを仕事の一つとしているので、確信をもっていえる。キャピタルゲートプレイスのようなタワーマンションは、必ず売れる。なぜなら、立地がよくて資産性が高い。不況期になっても値下がりしにくいマンションなのだ。だから、よほどの高値を付けない限り、新築時にはスムーズに売れる。

実際、このタワーマンションが販売されていたのは、その後の局地バブルが始まる以前の、どちらかというとあまりマンションが売れなかった時期だった。その時に、新宿御苑《ぎょえん》近辺で分譲されていたタワーマンションと同じ坪単価で販売されていたが、あっという間に全戸完売したのを記憶している。

だからデベロッパーにとっては、この月島エリアでのタワーマンション開発は「絶対に儲かる」事業なのだ。また、事業化さえできれば、苦労することなく完売に持ち込めるエリアでもある。だから、少々無理をしてでも実現したいと考えるのは当然だ。

その結果、地権者たちに対しては多少無理をしてでも希望に沿った住戸を用意することで事業の実現を図ろうとする。

デベロッパーにかかるコストは土地の取得費と建築コストが大半。その他、設計料や販売、広告などの費用はたかが知れている。

建築費は、どこで建ててもそれほど大きな違いはない。

あとは用地の取得費だが、月島でタワーマンションを開発する場合、計画エリアに土地や家屋を所有している人々全員から、その権利を譲渡してもらう必要がある。普通なら、そこでかなりの金額を支払わなければならない。

しかし、こういう再開発の場合は、最終的にでき上がったマンションの住戸を引き渡すことで、その権利を変換させる。つまり、地権者は土地の所有権を新しくできたタワーマンションの住戸と交換するのである。

この交換は、一見すると、地権者はタダでピカピカのマンションをもらっているように思える。しかし、実際にはそれまで所有していた土地や家屋を失っている。築年数が古い戸建ては、すでに上物の価値が失われているから、おトクと思うかもしれない。しかし、今後は、戸建ての時には存在しなかった維持管理費や修繕積立金も毎月、負担しなければならなくなる。年金生活者にとって、その負担は重荷となるだろう。

自治体の思惑

さらにタワマンの開発圧力として、中長期的な税収増を見込む自治体の存在もある。少子化の時代にあって、月島のある中央区は人口を増加させてきた全国でも数少ない自治体の一つだ。

中央区は一九五三年に一度、人口のピークを迎えた。その時点で約一七万人。その後、減少に転じて一九九七年には約七万二〇〇〇人になっている。しかし、都心回帰の流れや行政側の人口増加への働きかけが功を奏したのか、二〇一九年二月時点で約一六万人となっている。今後、タワーマンションの竣工や二〇二〇年の東京五輪における選手村跡地の開発などもあって二〇万人を超えることは確実だ。

一方、増えた人口に対する行政サービスの負担も生じている。その中でも保育園や小中学校などの教育施設の整備は焦眉の急だ。

そんな中、中央区は独自に行ってきたマンションなどに対する容積率緩和を原則廃止する方針を打ち出した。私はそのことについて、中央区に取材を申し込んだ。対応してくださったのは、「中央区企画部副参事（計画・特命担当）」の松永武志氏。

まず、区内にタワーマンションが続々と建設されている現状について尋ねると、以下のような回答であった。

「中央区としてタワーマンションの開発を誘致することはありません。ただ、その開発計画の中で区として公共施設の整備について要望したいことがある場合、協議したり床を買い上げたり、補助金を出す可能性はあります」

次に、人口増加策の今後については「中央区としては数年前から『二〇万都市』を目指してきたという事実があります。その達成は見えてきました。今後は人口が二二万人から二四万人になることを見込んでおります」というものであった。

また、容積率の緩和停止については、「これは平成三一年度に行う予定ですが、現時点では実施をしておりません。今の時点（二〇一九年二月中旬）に工事着手した場合は、現時点の緩和が適用されます」とのことだった。

タワマンは単位面積あたりの居住者数が圧倒的に多い。自治体にとっては、中長期的に見て効率のいい収入源となるはずだ。しかしそれと引き換えに、月島駅や勝どき駅の混雑ぶりは耐え難いレベルに高まる可能性がある。

武蔵小杉と全く同様だが、インフラ整備も後回しになっている。「朝日新聞デジタル版」の二〇一八年七月一〇日付の記事「タワマンある街は住みやすいか　学校も駅も定員オーバー」には、次のようなことが書かれてあった。

中央区の担当者は「もう校舎増築の余地がない」と話す。同じくタワマンが集まる月島・勝どき地域で、区は13年度から六つの小学校・幼稚園を約128億円かけて増改築。認可保育所も10年間で8倍の24園に増えた。この地域の1平方キロメートルあたりの人口は5万1834人で、23区平均の3・4倍だ。

平日の朝、勝どき駅は都営大江戸線を降りた客で埋まり、ホームから駅出口まで約5分かかるほど混雑する。タワマンと並行し、約2万人が働く超高層オフィスビルも建ち、駅の利用客はここ15年間で3・5倍に膨らんだ。

（中略）中央区によると、1990年代後半から増えたタワマンは、区内にいま56棟。中層マンションも急増した結果、人口が20年間で2倍に増え、今年（二〇一八年時点・筆者注）5月には16万人を超えた。勝どき駅拡張工事に、都交通局は総額108億円をかける。


勝どき駅は大規模改良工事により、二〇一九年二月から新設ホームの供用が開始された。

しかし、今後選手村跡地に開発されるハルミフラッグやその他のタワーマンション計画によって、利用者数は大幅に増える。保育園や小中学校の整備とともに、月島と勝どきの両駅の混雑具合がどうなるのか危惧される。

「再開発タワマン」が生み出される仕組み

現状の再開発の制度では、計画を決定的に進行させるには多数派工作がカギとなる。まず、計画エリア内の地権者や借地権者によって再開発のための準備組合を設立する。月島の場合も同様だ。準備組合が設立されれば計画の第一歩が踏み出されたと考えるべきだろう。

設立された組合が再開発計画案を作成する。その計画案が自治体に承認されれば、ほぼその再開発は決まってしまう。

計画地域内では鉄筋コンクリート造や木造三階建てなどの新たな建築は、将来の再開発事業の障害となる恐れがあり、事実上不可能に近くなる。土地を誰かに売ろうとする場合も、まずは都道府県が優先的に購入できる権利を有している。

計画地域内の地権者は、その財産権の一部に強い制限が設けられたのと同じ状態となる。

そういった流れの中に身を置くと、自然に再開発事業に加わるか事業者に権利を売却して引っ越さざるを得なくなるのだ。

タワマン建設による「犠牲者」は誰か?

再開発で建造されるタワーマンションに住みたい人にとっては、願ってもないことかもしれない。しかし、長年暮らした自宅で安寧に余生を送ろうとしていた高齢者にとっては、再開発によるタワマン建設など、迷惑以上の災難である。

仮にこれまでの住戸と交換してタワマンに入居するにしても、数年間の仮住まいをしなければならない。引っ越しは最低二回必要である。その間、慣れない住環境に移り住んだことによって、健康を害する可能性もある。高齢者にとって住みなれた家を離れるのはリスクでもある。中には、完成後のタワマンに引っ越せなくなる方も出てくるだろう。

さらに前述したように、戸建ての時にはなかった高額の維持管理費や修繕積立金の支払い義務が生じる。当然だが、これまで同様、固定資産税もある。年金生活者にとっては重い負担であろう。その影響は、開発エリアの外に住んでいる人々にも及ぶ。巨大なタワマンができることで日照が阻害される。日が当たらなくなるのだ。場所によっては一日に全く日が当たらないか、数時間しか日照が得られない場所も出てくる。

近年では、複数のタワマンによって発生する複合日影の問題も指摘されている。通常、高層建築物を建設する際は、近隣への日影の影響を調査する。しかしたいていは、その対象となっている建築物が与える影響しか調査しない。武蔵小杉でも指摘されているが、近隣にたくさんのタワマンがあると、複合的に日影の影響を受ける。全体的な影響が全く見積もられていないのだ。

また、開発エリアに不動産を賃借している人にとっては、タワマンの開発など迷惑以外の何ものでもない。そのために十分とはいえない立ち退き料で追い出されることになるかもしれないのだ。

さらにいえば、街の景観が一変する。空が狭くなり開放感も失われる。それに、タワマンを建てるにあたり、しばしばエントランス周辺に空き地を作って高層化する方法が取られるが、道路からセットバックして建設するために、そこだけ空虚な空き地が発生することになり、街並みの連続性が失われる。

古くから住む人が多くいる街に再開発でタワーマンションを建設する場合、そこには必ず「犠牲者」が生まれていることから目を逸《そ》らすべきではない。

タワマンに住みたくないから「番町《ばんちょう》」を選んだのに……

私は仕事柄よく聞かれることがある。

「どこでマンションを買えば資産価値が下がりませんか」

答えはいつも同じ。

「東京だったら港区の表参道周辺か、千代田区の番町。山手線の外なら代官山」

この三エリアは、富裕層からの絶大な人気を誇る。つまり、マンションの価格が下がりにくい。

とはいっても、景気にも左右される。上がる時には跳ね上がるが、下がる時には下がる。しかし、底が抜けるような下がり方はしない。また、日本国内では常に最高ランクに評価されるエリアであることも間違いない。

その番町で今、高層ビル建設の問題が持ち上がっている。

日本テレビ社屋の跡地に高層ビルの建設案が浮上しているというのだ。

番町エリアには現在、タワーマンションがない。

番町の魅力は、何といってもお屋敷町の系譜を持つ落ち着いた街並みだ。学校も多い。

現在の番町に住んでいる方々も、そういう街並みを気に入ってここに居を構えているようにお見受けする。

実際に住んでいる方々にお話を伺っても「タワマンに住みたくないから番町を選んだ」と明解に言い切る人が多くいた。

その番町に、いきなり高層ビルが建つかもしれないのだ。当然、違和感を抱く人々もいるだろう。

そこで、番町の住民が中心となって「番町の町並みを守る会」が結成された。この高層ビル計画がきっかけとなり、番町のまちづくりについて共に考える活動を行っている。

なぜ番町にはタワマンがないのか?

もともと番町には、二〇〇八年に千代田区都市計画審議会において地区計画として高さ六〇メートルを超える建物は建設できないと承認された経緯がある。それが、この地にタワマンが建てられずに済んでいる理由だ。

それではなぜ、高さ六〇メートルまでと決まっているのに、それを超える高層ビルの計画案が持ち上がっているのか。その前に、そもそもなぜ、高さ制限が六〇メートルとなったのかを知る必要がある。その基準が設けられたのはそれなりの根拠があったはずだ。その点を千代田区に確認すべく、私は編集者を通して取材を申し入れた。

質問内容を電話口で伝えると、基本的にはWｅｂサイトで公開しているので、そちらを見てほしいとのことだった。しかし、地区計画で六〇メートルと規制がかけられた経緯については、公開されていなかった。そこで、電話口で次のようなやり取りをした。以下は、その要旨である。

編集者「地区計画での高さ制限が六〇メートルと決まった際の議事録はないのですか」

千代田区「あいにく残っていません」
編集者「ではその当時の都市計画審議会のメンバーを教えていただけないでしょうか?」
千代田区「それなら区役所二階の情報コーナーで閲覧できますよ」

そのようなやり取りをした後、再び千代田区の担当者から編集者に電話がかかってきた。

「すみません。当時の審議会のメンバーについては個人情報なので公開できないそうです。もしご覧になりたいなら、情報公開請求をしてください。ただし、すべて公開できるとは限りません」

とのことだった。

当時、どのようなやり取りがなされたのかが分からなければ、後々、その判断の妥当性を検証・評価することができない。

今回の場合でいえば、六〇メートルという高さ制限を設けたことが、番町の街並みを守り、素晴らしい居住環境につながっている。むしろ、当時の都市計画審議会のメンバーは称賛されてもいいはずだ。情報公開請求をかけても公開されるか分からないような案件ではないと思うのだが……。

高層ビルは必要なのか?

本題に戻すと、番町というのは都心には数少ないお屋敷町の街並みが残るエリアだ。そこでわざわざ視界を遮るような高層ビルを作り、貴重な街並みを壊すことはないだろうと思う。一旦、この計画が実行されれば後の祭りで、似たような高層ビルが立ち並ぶだろう。当然、ここに住みたいと考える人は多いので、タワマンを建てるインセンティブも働く。そうなれば、番町がこれまでのような資産価値を維持できるかは不透明だ。

二〇一九年現在、「日本テレビ通り沿道まちづくり協議会」が設置されており、そこで日本テレビ社屋跡地を中心としたエリアの再開発計画のあり方について話し合われている。

そこには、土地の所有者である日本テレビのほか、地元住民らが参加している。

取材に訪れた二〇一八年末の時点で、日本テレビ社屋跡地の周辺エリアは、空きビルが目立っている。住民の間では、日本テレビが周辺エリアのビルやマンションを買い足しているらしいとささやかれている。番町の中に忽然《こつぜん》と空きビルばかりの一画が現れたのだ。かなり不気味であった。

この協議会で議論になっているのが、もともと地区計画で定められている六〇メートルという高さ制限を緩和するか否かという点である。高さ制限を緩和することによって、地下鉄麴町駅のバリアフリー化や広場の創設が提案されるなど、地元住民にとっても有益な案が示されている。

実際、そのことによって、賛意を示す住民もいる。しかし、従来の街並みを守りたい住民たちにとって、高さ制限の緩和は大問題となる。

高さ制限が緩和され、高層ビルができることによって、地元の人々が失うものは落ち着いた街並みと住環境、そして広い空である。また、この計画が実現してしまったら、二〇年後にはもうお屋敷町とは呼べない環境になっている可能性すらある。

高層ビルは、一度に多くの床面積を生み出すことができ、土地利用効率が上がる。しかしその一方で、失うものはあまりにも大きい。高さ制限の緩和に賛成している人々は、自分たちがいったい何をして、誰からどんなものを奪おうとしているのかについて、もう一度考え直すべきではないか。

「タワマン」に〝NO〟を突き付けた神戸市

このようにタワマン建設に前のめりになっている構図がある一方で、それとは真逆の選択をする自治体がある。港の街、神戸だ。久元喜造《きぞう》神戸市長は二〇一八年、「都心のタワーマンションは抑制し、働く場所としてのオフィスや、買い物などを楽しめる場所を誘導したい」(「日本経済新聞」二〇一八年一一月二〇日)として、神戸の中心地、三宮周辺でのタワーマンション建設を規制することを明らかにした。

本書でも見てきたように、政令指定都市の中心エリアには、タワーマンションが林立しているケースが多い。そこをあえて規制したのである。自治体としては収入増となるにもかかわらず、タワマンを規制するのはなぜか?

久元喜造市長は自身のブログ記事「高層タワーマンションと大都市の未来」(二〇一四年一〇月一六日)の中で次のように書いている。


とくに中央区では、高層タワーマンションが商業地域で数多く建設されていますが、本来、商業業務施設の立地が想定されている地域で、巨大な閉鎖的居住空間が広がっていることが、商業活動や人々の交流、回遊性にどのような影響を与えているのかについては、検証が必要かもしれません。

また、マンションに限らず高層建築物が増えていることが神戸の景観にどのような変化をもたらしているのかについても、さまざまな見方があることでしょう。

高層タワーマンションが聳《そび》え立つ街が30年、40年後にどのような姿になっているのか、想像をめぐらしていく必要がありそうです。

都市の活力、都心におけるまちづくり、「顔の見える地域社会」の観点などを含め、都市の未来像をしっかりと描きながら議論していくことが求められます。

久元市長は、タワーマンションが林立する街並みの未来やコミュニティのあり方について、問題意識を持っているようだ。

神戸は街並みが洗練された港湾都市だ。私も阪神・淡路大震災の前に二年ほど暮らしたことがある。かなり好感度の高い街であった。

タワマンを規制している市町村は、いくつかある。京都市や鎌倉市、金沢市、軽井沢町などである。いずれも風光明媚《ふうこうめいび》な土地だ。街のブランドを意識しているから、いつまでも魅力が褪《あ》せない。他の市町村もこうした街づくりを目指すべきではないか。

久元市長の強い意向で、二〇一八年六月に「タワーマンションのあり方に関する研究会」も設置された。その報告書の発表の場で、市長は次のように述べている。

「タワーマンションの増加で人口規模を追うのではなく、質の高い街づくりが重要」（『日本経済新聞電子版』二〇一九年一月六日）であると。

武蔵小杉や月島をはじめ、タワマン建設によって目先の税収増を見込む自治体の首長は真摯に耳を傾けるべきではないだろうか。

もちろん、すべての自治体に神戸のようなブランド力があるわけではないだろう。しかし少なくとも、少子高齢化に加えて空き家が深刻化する時代においては、タワマン誘致によって、かえって街の魅力が損なわれることがあるということも考慮する必要があるだろう。

住宅の業界人はタワーマンションに住んでいない

すでに、一部の人々の間ではタワーマンションが忌避されている。『里山資本主義』（角川oneテーマ21）で知られるエコノミストの藻谷浩介氏と、都市計画の専門家で『老いる家　崩れる街——住宅過剰社会の末路』（講談社現代新書）の著者、野澤千絵東洋大学教授は、対談で次のように話している。

藻谷　実際には開発業者はそんな超高層住宅の末路は知っているのです。でも「買う奴がいるのだから、今売れればいい」という「売り逃げの論理」で突っ走っているんです。

東京都心に急増している分譲タワーマンションの多くは、近い将来、高齢者が詰まった「新・山村」になって、その処理は大きな社会問題になります。その頃になって製造物責任を問われるのは、売り逃げを図った不動産会社ですよ。

野澤　だから、建築や住宅業界の人はほとんど、タワーマンションを買ってないですよね。

藻谷　そう、住宅業界の人は超高層物件を買わない。私も家は買っていない。首都圏の家を買うリスクは大きすぎます。

野澤　タワーマンションは修繕コストも膨大になります。大規模修繕や建て替えの際に住民の意見をまとめなくてはならないけれど、何百世帯もの合意を得るのは非常に難しい。

（「『空き家大国ニッポン』のゾッとする近未来」「現代ビジネス」ウェブサイト、二〇一七年三月一〇日）

野澤氏が言うように、私のまわりにいる不動産業界の関係者でタワマンどころか普通の分譲マンションでも購入して住んでいる人は少数派だ。賃貸マンションに住み、何年かに一度の割合で引っ越している人が多い。

また、彼らも時にマンションを購入するが、だいたいは一〇年も住まずに売ってしまう。安い時に買って、値上がりしたら売る、というスタイルだ。

賃貸マンションに住み続けている業界人に「どうして買わないの」と聞くと、だいたいはニヤッと笑って「私は不動産屋だからね。マンションは売るモノであって買うのはお客さんだよ」といった答えが返ってくることが多い。

また、彼らが住む家を買う場合は戸建てが多い。その理由は、本書を読み進むうちにご理解いただけることと思う。

タワーマンションは未完成の住形態

そもそも、日本人は半世紀前までマンションに住んでさえいなかった。これは平凡ながら、かなり見落とされがちな真実である。

今の五〇代以上の日本人で、鉄筋コンクリート製の集合住宅で生まれ育ったという人は、ごく少数であるはずだ。四〇代ならそういう人が一定数になってくる。都市部で生まれた三〇代なら、マンション育ちが半数以上になるのではないか。

大阪では千里、東京なら多摩のニュータウンで盛んに集合住宅が建設されたのは一九六〇年代から八〇年代。いわゆる「マンション」と我々が呼んでいる鉄筋コンクリート造の集合住宅に日本人が本格的に住み始めたのはこの頃だ。

したがって、日本人のマンション居住の経験はまだ半世紀そこそこだ。

それまでは大半の日本人は、木造の一戸建てに住んでいた。都市生活者の主な住まいが木造の一戸建てからマンションへ変わることで、どのように地域社会が変化したのか。あるいは人々の生き方や行動様式、さらに心理的、肉体的にどのような影響や変化をもたらしたのかについては、拙著『マンションは日本人を幸せにするか』（集英社新書）で考察している。

結論を申し上げると、マンションは日本人の暮らし方や家族のあり方に劇的な変化をもたらしている。その変化が好ましいものかどうかは個人の価値観による。私自身としてはマンションという住形態は、トータルで見れば日本人を少なからず幸福に導いていると考えている。

しかし、そのマンションの中にタワーマンションを含めてもよいのだろうか。そこのところに、私は大きな疑問と懸念を持っている。

その懸念がどういう結果をもたらすかは、まだはっきりとしない。なぜなら、我々はまだタワーマンションという住形態を完成させていないからだ。

タワーマンションの歴史は実質二〇年

日本のタワーマンション第一号は住友不動産が一九七六年に埼玉県与野市（現・さいたま市中央区）に建てた「与野ハウス」だといわれている。そこから考えれば、日本のタワーマンションには四〇年以上の歴史があるように思える。実際にそのように書かれている書籍もあるが、私はそうは思わない。

タワマンが本格的に竣工し始めたのは、二〇〇〇年頃からである。その背景には、建築基準法改正などによる規制緩和がある。

そもそも容積率の規制が本格的に始まったのは一九七〇年である。その頃には建築技術の著しい向上が見られ、高層建築物がわりあい容易に建てられるようになっていたのだ。そこで規制が設けられた。

当初は用途が第一種住居専用地域で最大二〇〇パーセント、商業地域は四〇〇パーセントが標準で、最大値は一〇〇〇パーセントとされていた。これまでにも容積率という言葉が出てきたが、ここで簡単に説明すると、延べ床面積の敷地面積に対する割合である。その敷地面積に対してどのくらいの大きさの建物を建てることができるかといった目安となる。容積率が二〇〇パーセントならば、敷地面積いっぱいに建物を建てるなら、二階建まで可能ということだ。

その後一九八〇年代頃から徐々に容積率は緩和されていった。

大きな転機は一九九七年の建築基準法改正だ。これによってマンションなどの共同住宅の場合は廊下や階段、ホールなどの共用部分が容積率不算入とされた。容積率の実質的な大幅緩和である。

この改正以後、やたらと豪華な共用施設を備えたタワーマンションが多くなってきた。エントランスホールがシティホテルのように豪華になったのも、この改正以後のことである。

　そして二〇〇二年にまた建築基準法が改正された。これによって建築基準法第五二条第八項で定められた道路や緑地、歩道、あるいは住戸の広さに関する規定を満たした「一定の住宅系建築物」の容積率が、大幅に緩和されることになった。

　この法改正で超高層マンションの建設も視野に入れて、住居系エリアで最大五〇〇パーセント、商業地域では最大一三〇〇パーセントにまで緩和された。さらに高層住居誘導地区内の建築物においては隣地の日照を保護するために課されている斜線制限の適用が除外されている。つまりタワマンが建てられる場所では、まわりの建物が多少日影になってもOKですよ、という規制緩和である。それ以前の斜線制限などを守っていればタワマンなどは到底建築不可能であったのだが、その規制を一気に取り払った。まるで「タワマン誘導地区」である。つまりこれは、タワマンを作らせるための建築基準法改正だった。

　まさに国を挙げてタワマンの建設を応援しだしたのである。

　こうした規制緩和が積み重なって、二〇〇〇年頃からタワーマンションの竣工が飛躍的に増大した。序章で示した図1の棒グラフも、そのことを如実に表している。

二〇〇〇年に竣工したタワーマンションは、二〇一九年時点で築一九年となる。通常のマンションなら築一二年から一五年あたりで第一回目の大規模修繕を行う。超高層マンションの建設ラッシュ初期に竣工した物件の中には、すでに大規模修繕を終えたところもある。

今後はタワーマンションの大規模修繕ラッシュがやってくる。そこでどういうことが起きるかについては、後ほど詳しく考えたい。

タワマンによって都心居住が可能になった

先にも少し触れたが、二〇一八年頃から広まった新語に「パワーカップル」というのがある。夫婦合わせての世帯収入が一四〇〇万円以上、というのが一つの定義らしい。

そのパワーカップルが都心や湾岸のタワーマンションを購入している、とマンション業界の一部でささやかれている。真偽を確かめる方法はないが、ある程度は納得できる仮説である。タワーマンションは、そんな彼らの需要に応えている住形態なのだ。

繰り返すがタワーマンションを開発する最大のメリットは、限られた敷地により多くの住戸を作ることができる、というところにある。それまで一五階程度の建物しか建てられなかった場所で、容積緩和によって三〇階や四〇階、場合によっては六〇階を可能にしたのがタワーマンションという住形態なのだ。

そしてタワーマンションという住形態は、郊外や地方出身者の都心居住を強力に後押ししているともいえる。ただし、現状のマンション市場を眺めると、タワマンは彼らに対してリーズナブルな価格で住宅を提供しているとは思えない。むしろその逆である。

タワマンが郊外の空き家を増やし、ニュータウンの高齢化を助長?

タワーマンションを建設しているデベロッパーは、郊外や地方からの人口流入を促すためにそれを供給しているわけではない。彼らは単純に「儲かるから」という経済原理に基づいてタワーマンションを作って売っているのだ。

しかしその結果、郊外では空き家が増えている。

そういった現象の一つとして、多摩ニュータウンでは居住人口が増えなくなった。今後は減少に転じるものと思われる。

さらに深刻なのは高齢化である。分譲時期が古い多摩市では、すでにニュータウンエリアの高齢化率が市全域より上回っている。ニュータウンエリアでは若年層の新たな流入が期待できないので、今後は急速に高齢化が進むと予測できる。

現状、多摩ニュータウンなどで空き家になっている住宅は、人が住めないほど老朽化しているわけではない。現に、今も多くの人がそこに住んでいる。

しかし、デベロッパーは「儲かるから」タワーマンションを作り続けている。都心部だけでなく、郊外にもタワマン建設は進んでいる。その結果、どんどんと空き家は増え、ニュータウンでの高齢化が進む。

タワーマンション繁殖の遠因は敗戦後の住宅不足

第二次世界大戦後、焼け野原となった日本では住宅が圧倒的に不足した。

政府の政策的な後押しもあり、猛烈な勢いで住宅が作られた。その多くは木造の一戸建て住宅であった。一九七〇年頃までは、鉄筋コンクリート造のマンションは新築住宅の中

図3　総住宅数・総世帯数の推移

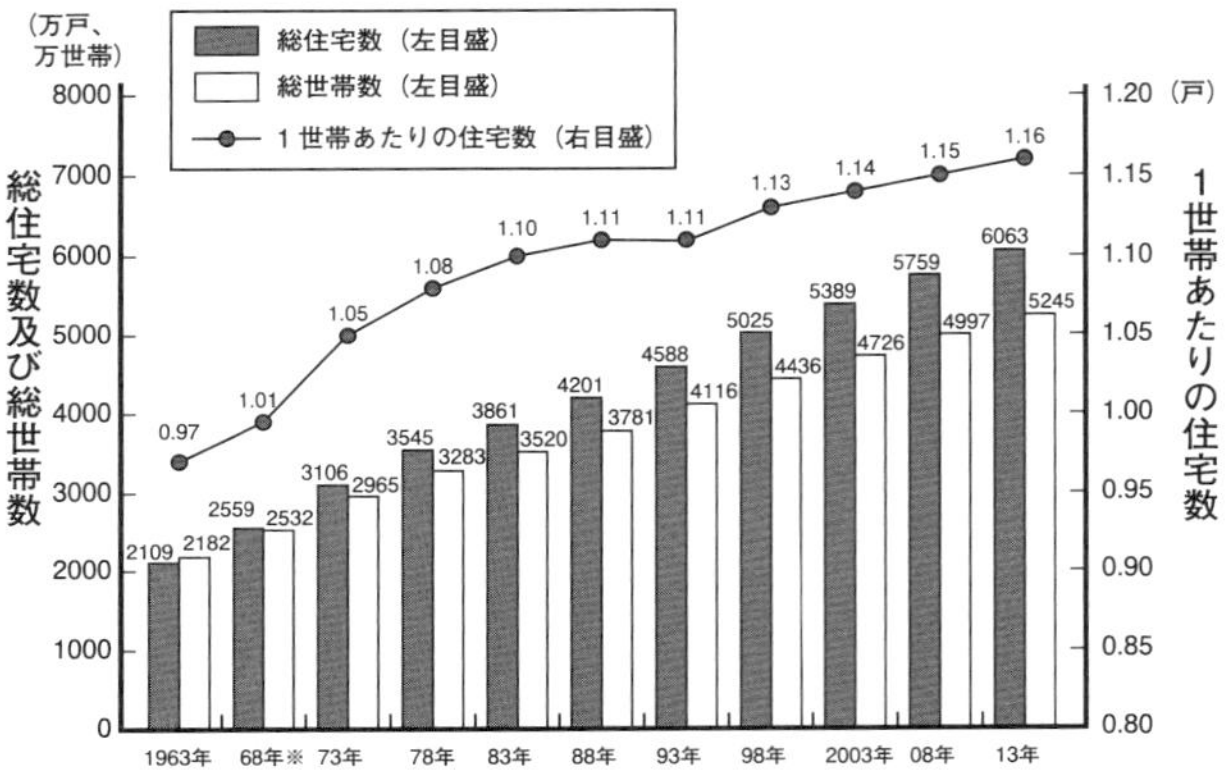

（※の数値は沖縄県を含まず。総務省統計局「平成25年住宅・土地統計調査」をもとに作成）

では少数派であった。

住宅の需要は、概《おおむ》ね世帯数と重なる。特に敗戦後は多世代同居から一世帯一住戸への流れが加速した。核家族化である。若い夫婦は親世代と同居するのではなく、独立して単独の世帯を形成した。

集合住宅であるマンションの出現は、こういった世帯分離を加速させるために重要な役割を果たした（拙著『マンションは日本人を幸せにするか』参照）。

日本における総住宅数が総世帯数を上回ったのは、上図によると一九六八年のことである。つまり、敗戦後約二五年にして、量の面ではやっと住宅不足が解消したのである。しかし、人々の住宅への飢餓感が解消されるまでには至っていなかった。

タワーマンションは日本の住宅政策の象徴

タワーマンションは日本人の新築信仰と狭い国土によって生み出された象徴的な建造物だといえる。そして政府の住宅政策によって誘導された側面も見逃せない。

なぜならタワーマンションこそ、狭い敷地の中に、新築のきらびやかな住まいを大量に生産でき、消費需要を喚起し、経済的にもプラスの効果を生み出すからだ。

人々は喜んで高額のローンを組んでタワーマンションの住戸を買い、新しく家具や家電製品を購入して引っ越してくる。分譲したデベロッパーは多大なる利益を上げて業績を伸ばす。建設したゼネコンは建築費をしっかりと回収できる。耐久消費財は売れる。金融機関は安定収益を生む住宅ローンを提供する。そして、それらはＧＤＰに反映されていく……。

タワーマンションの開発と分譲は多くの業界を潤し、経済成長に貢献する。そして新築好きの日本人にとっても豪華な共用施設が充実したタワマンは満足度が高い。そこにいったい何の不都合があるというのだろう。行政も業界もそう考えて当然である。

しかし、目先の利益に惑わされて、タワマンばかりを建設してきた結果が、住宅の過剰供給であり、空き家の急増である。

これまで本書で見てきたように、タワマン建設によってさまざまな問題が浮上している。急激な人口増によるインフラの崩壊、育児や教育現場の混乱、建設に伴う立ち退きや近隣住民への日照阻害、風害の問題……。

今やタワマンは、そこに住む人だけの問題ではない。完全に社会問題化しているのだ。住居としてタワマンを選ぶということは、いったいどういうことを意味するのか、今一度、考えるべき時に来ているといえるだろう。

第二章　タワーマンション大規模修繕時代

タワーマンションの大規模修繕は想像以上に困難

「これと同じ工事を今、同じ一二億という金額でできますか?」

そう尋ねると、H氏は即座に答えた。

「絶対にできません」

続けて私は尋ねた。「今ならおいくらになりますかね?」

H氏はちょっと困った顔をした。「さあ、一五億でもできるかどうか……」

H氏はスーパーゼネコンといわれる建設大手企業グループで、タワーマンションの大規模修繕などを得意とする子会社の部長である。

一二億円というのは、彼の会社が数年前に行った約六五〇戸のタワーマンションにおける、大規模修繕工事の費用だった。H氏はその大規模修繕工事の担当者であり、技術主任のような役回りであった。

H氏に取材する数週間前、私とある雑誌の編集者は彼の会社が大規模修繕を行ったというタワーマンションの管理組合を取材した。

私たちが話を聞いたのは、管理組合の理事たちと思われる面々一〇人ほど。

「今回は一二億で何とかなりましたが、次回はいくらかかることやら」

そのリーダー格と思われる方は、ぼそっとそうつぶやいた。

次回はおそらく今から一二、三年後。その時、仮に一五億かかるとすると、現状の管理組合の積立金会計では足りなくなるという。

「その時には、私だって生きているかどうか分かりませんけどね」

彼がそう言うと、他の理事さんたちが苦笑いをしていた。見渡すと、四〇代と思しき理事さんが二名ほどで、あとはみな六〇代以上と見える方々。

「この人は長く理事長をされていました」

そう言われた方は七〇代半ばと見受けられる風貌だった。

そのタワーマンションは、ブームの先駆け的な存在として二〇世紀が終わろうとする時期に誕生。築一七年を迎えた時期に大規模修繕工事に取り掛かり、工期二年で無事完了。タワーマンションの大規模修繕工事としては模範例を示したと捉えられている。

私たちが取材させていただいた限り、施工業者であるH氏が所属する会社の高い施工能力も発揮されて、かなりうまく行ったケースではないかと思われた。

しかし、この先行事例によって多くの不安要因も浮かび上がってきたのである。

二回目の大規模修繕はさらにハードルが上がる

まず、何よりも費用の問題がある。

タワーマンションの構造は基本的に鉄筋コンクリートである。鉄もコンクリートも経年劣化していくことは避けられない。

さらにタワーマンションの場合、外壁部分はＡＬＣパネル（Autoclaved Lightweight aerated Concrete　高温高圧蒸気養生された軽量気泡コンクリート）やサッシュなどになっている。これらと鉄筋コンクリートの躯体《くたい》部分との間は、シーリング材というゴム状の接着素材で接続されている。

シーリング材は、おおよそ一五年で劣化するとされている。つまり、一五年に一度程度は必ずシーリング材の劣化部分を補修しなければ、そこから雨水などが室内に漏れてくる可能性が高まるのだ。

いってみれば、一五年に一度の大規模修繕はタワーマンションにとっては存続の必須条件になっていると考えられる。

その費用は、一回目で一住戸あたり二〇〇万円から二五〇万円程度が目安。二回目だと三百万円以上になる可能性もある。

ところが、建築コストは日々増大している。だから、私が取材したこのタワーマンションも「次の大規模修繕は費用が足りなくなる」という悩みを抱えているのだ。

費用が足りなければ、臨時に徴収することになっているが、居住者が高齢化すれば、そう簡単なことではない。

二〇一一年、東京・多摩エリアのあるタワーマンションが東日本大震災で大きな被害を被った。

そのタワマンは、なんとまだ築一年であった。管理組合は当然の如《ごと》く売主に無償での補修工事を要求した。売主企業はマンション分譲の大手。そこから施工したゼネコンへ補修工事を要請した。ところが、このゼネコンは破損部分について「これはすべて地震が原因です」と開き直った。なおかつ補修費用として一億数千万円の見積もりを、しれっと出してきたという。

結局、そのマンションの管理組合は臨時で区分所有者から一時金を一住戸あたり数十万円徴収して、そのゼネコンへの支払いに充てたそうだ。

管理組合が「施工不良だ」と騒げば、そのマンションは欠陥建築として世間に知られるようになる。売主も施工会社も、あるいは管理会社でさえ「騒げば資産価値に悪い影響が出ますよ」と管理組合を脅す。このパターンは施工不良が見つかった時に、売主サイドが使う常套《じょうとう》手段となっている。

「資産価値に悪影響がある」という言葉は、いつかは売却しようと考えている区分所有者の団体である管理組合にとっては、「脅し文句」となる。実のところ、分譲マンションで施工不良が見つかるケースはかなり多いが、そのほとんどがこのパターンで脅されて管理組合側が泣き寝入りしている実態がある。

不幸中の幸いというべきか、築一年ということもあり、この時期なら、一住戸あたり数十万円の一時金徴収でも無理なく行えたのだった。区分所有者たちは全員が、一年前に一億円前後のマンションが買えた人々である。数十万円の支払いなら「まあ、仕方ないか」ということにもなるだろう。

しかし、築三〇年になったらどうだろうか。区分所有者も高齢化している。年金暮らしになっている人も多いはずだ。というか、新築時購入者の半数以上は年金暮らしになっていてもおかしくはない。

築三〇年だと、エレベーターの交換時期でもある。一基につき数千万円の費用が想定される。また一回目にはさほど必要でなかった配管の取り換えも、この時期がふさわしい。工事費用は一回目の一・五倍程度に膨らんだとしても不思議ではない。

そういう人々に「大規模修繕のために一時金を各住戸〇〇〇万円ご負担ください」と、三桁の額を言って、易々《やすやす》と応じてもらえるのか。また、そういうことは管理組合の総会で可決しなければならないのだが、賛成多数になるだろうか。

また、仮に二回目を何とか乗り切ったとしても、またその一五年後には三回目がやってくる。費用は二回目よりも高くなると考えるのが常識だろう。

スーパーゼネコン五社が見積もりを辞退

数年前、東京の湾岸エリアにある五十数階建てのタワーマンションで、管理組合が大規模修繕の見積もりを依頼したスーパーゼネコン五社が、見積もり自体を辞退するという出来事があった。工事規模は当初二〇億円が想定されていたという。

スーパーゼネコン五社が見積もりを辞退した理由は分からない。しかし、営利企業が約二〇億円の売上を得る機会を拒むということは、相当な理由があるのだろう。

結局、その大規模修繕工事はこのマンションを新築時に施工した準大手のゼネコンが一七・五億円で受注したらしい。一住戸あたりだと二三〇万円ほどだ。

東京ではこの大規模修繕工事が行われる頃から、建築工事の費用がさらに高騰していた。五輪開催決定の影響も大きかったはずだ。それにしても、大手五社が見積もりさえ辞退するというのは、傍《はた》から眺めていても異常な状態だった。

このタワーマンションは、間もなく築二〇年を迎える。市場では中古マンションとして流通している物件だ。

中古マンションの場合、購入検討者は管理組合に対して総会議事録の閲覧を求めることができる。総会議事録とは、管理組合が最低でも一年に一度は開く総会の内容を記録した議事録のことである。

実は、総会議事録はマンションの通知表のような役割を果たす。

まず、通常総会で欠かせないのは決算と予算の承認である。前年度はどういう費用が発生して、どこにいくら支払ったかということが記されているのが決算。今年度にはどのような費用の発生が見込まれて、それをいつどこに払うかという予定が記されているのが予算。この二つをつぶさに見ると、そのマンションが抱えている問題も見えてくる。

例えば「○○階住戸の雨漏り対策工事○○○万円」という項目があったりすると、そのマンションはすでに雨漏りが発生しているということになる。

築五〇年のマンションで外壁や屋上の補修をあまりやっていない物件なら、躯体コンクリートの亀裂から雨水が染み込んできても不思議はない。しかし、築一〇年程度のマンションですでに雨漏りや上下階の水漏れが発生している場合、欠陥建築と見なすべきだろう。

施工不良である。

そういうマンションは永遠に雨漏りや水漏れに悩まされ、常時補修工事をしなければならない。つまりは、築年数の割に総会議事録に「雨漏り」や「水漏れ」の対策補修工事を行っていると記載されている中古マンションは、買うべきではないことが明白だ。

他にも、総会議事録には大規模修繕工事を行う数年前から、それについてのさまざまな議案や議論の記録が出てくる。例えば、大規模修繕工事を発注するゼネコンの選定は大きな問題だ。大規模修繕を行った管理組合の総会議事録には、当然ながらどの会社にいかなる理由で発注したかが記載されているはずだ。


このスーパーゼネコン五社から見積もりさえも断られた湾岸エリアのタワーマンションにおいても、その間の記録が総会議事録に記載されているはずである。

この大規模修繕工事が終わりかけている時期、私の知り合いがこのタワーマンションの購入を検討することになった。アドバイスを求められた私は、スーパーゼネコン五社に見積もりを辞退されたエピソードを伝えた上で、「必ず総会議事録でその間の事情や経緯をチェックして、納得してから購入を決めてください」と申し上げた。

その方は仲介業者を通じて管理組合に総会議事録の閲覧を請求。これは区分所有法で定められていることなので、管理組合は拒めない。ただ、その管理組合からの返答にはやや驚かされた。

「お見せしますが、過去一年分のみ。印刷されたものを紙でお見せしますから組合事務局までおいでください。コピーや撮影は不可です」

区分所有法には「閲覧」としか定められていないので、それでも何とか適法の範囲内なのだろう。しかし、正常な閲覧とは認めがたいやり方だ。よほどやましいことがあるのではないかと疑ってしまう。こうした情報公開に消極的なマンションは、どんな「秘密」が隠されているか分からないので、買うべきではない。

二〇二二年前後にタワマン大規模修繕のピーク

先に述べたように、この国にタワーマンションが大量に建設されたのは一九九七年の建築基準法改正後。実際には二〇〇〇年前後から竣工ラッシュを迎えた。

二〇二〇年には東京五輪が開催されるが、その二年後あたりに築一五年から二〇年を迎えるタワーマンションが大量に発生する。現在ラッシュを迎えたタワーマンションの大規模修繕工事は、そのころがピークになるはずだ。

これがいわゆるタワマン大規模修繕の「二〇二二年問題」と呼ばれている。

何度か説明しているように、タワーマンションの大規模修繕は、費用面と工法面で通常の板状型マンションより難易度が高い。

まず、前述のように費用面では通常の板状型マンションの二倍以上はかかる。普通のマンションなら一戸あたり一〇〇万円が基本だが、タワーの場合は二〇〇万円から二五〇万円。建築コストは日々上昇しているので、今後は一戸あたり三〇〇万円に近づく可能性もある。

工法面でも難易度は高い。

タワーマンションは、各ゼネコンがその時々の最新技術を用いながら施工してきた。ゼネコンによって工法は微妙に異なる。また、免震や制振の技術は日々進化している。

通常の板状型マンションは施工法がほぼ確立されている。特に日本でマンションを最も多く作ってきた長谷工コーポレーションが施工したマンションは、まるで工業規格品のように同じやり方で建設される。施工精度も均質化している。

衣料でいえばユニクロの製品だ。デザインや設計面での面白味には欠けるが、施工精度は安定している。反面、年月を経るにつれての成熟は望めない。しかし、施工不良の可能性が低いであろうことは期待できる。

さらに、大規模修繕工事も容易だ。工業規格品ならではのやりやすさがある。

これに比べて、タワーマンションの場合はすべてがオーダーメードだと捉えるべきだ。同じ施工会社であっても、物件によって工法が違ったりする。

つまり、タワーマンションという建造物は未《いま》だに施工法が確立されていない完成途上の状態にあるのだ。だから、大規模修繕のやり方も物件によって異なる。その結果、費用面でも負担が大きくなる。

タワーマンションの大規模修繕工事における技術面での大きな課題はやはり、上層階の外壁修繕であろう。

通常のマンションなら足場を組んで対応できる。ただ、足場を組めるのはせいぜい一七階あたりまで。タワーマンションの場合、高いものなら六〇階にもなる。では、どうするか。

やり方は何種類かある。

屋上のクレーンから作業用のゴンドラを吊《つ》るす方法。あるいは壁や柱に線路のようなガードレールを敷設し、そこに作業ゴンドラを取りつけて上下に移動する、というやり方もある。

ただ、いずれも強風下では作業ができない。風速が一〇メートルで作業が中止になる。地上では風速三メートルでも三〇階部分では風速一〇メートルになっている場合も多い。だから時間もかかる。一層分の作業を終えるのに、一カ月かかる場合もある。

タワーマンションの施工は一カ月で二層というペースが普通だ。だからタワーマンションは施工するよりも外壁を修繕するほうが時間を要する。

また、タワーマンションの大規模修繕工事はそもそも実施例が少ない。つまり、施工ノウハウを持っている企業が少ないのだ。これもまた、費用がかさむ原因の一つだ。

今後、施工例が多くなってくるとノウハウを持った企業も増えるはずだ。しかし、建築現場の人手不足は日に日に深刻化しているのが現実。施工例が多くなったからといって、工事費が軽減されるとも考えにくい。

また二〇二二年前後にタワマンの大規模修繕工事が集中した時、それを施工する業者の数が足りるのかも心配される。ノウハウを持った企業が限られて、そこに発注が集中することで価格が高騰することも考えられるのだ。

二〇三七年、いくつかのタワーマンションが廃墟化する

国土交通省は二〇一一年四月に「マンションの修繕積立金に関するガイドライン」というものを発表した。

これによると二〇階以上のタワマンにおける修繕積立金の目安は月額にして平米あたり平均二〇六円とされている。

先に上げた大規模修繕工事の「模範例」とされた約六五〇戸のタワーマンションの場合、

修繕積立金の平米単価は九三円だった。二〇六円の半分以下である。それでも何とか大規模修繕工事をやり終えた。しかし、積立金はその時点で一旦底をついた。

次回は二〇三四年と予定されているが、現状のままでは七億円足りないと予測されている。しかし、値上げの動きはまだ出ていないという。どうするのだろう。

すでにベランダやサッシュの雨漏りが年間数件ずつの割合で発生している。シーリング材の劣化が始まっている可能性がある。今は個別に対応しているが、二〇三四年には予定通り二回目の大規模修繕工事を行ったほうがよさそうだ。しかし、そのためには修繕積立金の大幅な値上げを行う必要がある。

以下は、一般論として考える。

タワーマンションでシーリング材の劣化による雨漏りが始まった場合、それは宿命と捉えるべきだろう。特に潮風や塩分を含んだ雨が吹き付ける湾岸エリアのタワーマンションの場合、シーリング材の劣化は内陸部よりも早く進む可能性も考えられる。

その前提に立てば、タワマンにおける約一五年サイクルの大規模修繕工事による外壁の補修は必須事項となる。

しかし、その費用は人件費の高騰などもあって今後ますます高騰することが予測できる。したがって二〇一一年時点での国交省ガイドラインの平米平均単価二〇六円では、すでに不足しているのではないかとさえ思える。

二〇二二年前後に、多くのタワーマンションは一回目の大規模修繕工事を行うだろう。その一五年後の二〇三七年には容赦なく二回目を行う時期がくる。その時に、すべてのタワマンが外壁補修を伴う大規模修繕工事ができるだろうか。そこは全く楽観できない。

仮に費用面などで外壁補修をできないタワーマンションが出てきたとすれば、どうなるのか。当然、雨漏りなどが五月雨式《さみだれ》に発生するだろう。個別の対応工事では限界がある。雨漏りが放置されると、居住性が悪化するばかりではない。カビなどが発生しやすくなり、健康面でも危険性が高まる。

当然、そういうタワマンからは引っ越していく人が多くなる。

また、雨漏りが放置された住戸には資産価値がなくなる。

さらにいえば、区分所有者の中には必要な外壁の補修工事がなされないことを理由に管理費や修繕積立金の支払いを拒む人もいるかもしれない。

それはすなわち、廃墟への道ではないか。

このままでは二〇三七年前後に複数のタワーマンションが廃墟化するかもしれない。それは、今の状況が続く限り、かなり確実性が高い未来である。

それを防ぐには、修繕積立金を値上げして管理組合の修繕積立金勘定に余裕を持たせるしかなさそうだ。

こうしてタワーマンションは、ますます維持管理コストが高い住まいになっていく。


しかし、これでもまだ、「うちのタワーマンションは大丈夫だろう」と高をくくっている人もいるだろう。そう安心もしていられない衝撃的なデータがある。二〇一八年一二月八日号の週刊東洋経済「マンション絶望未来」という特集の中で、みなとみらい、横浜、武蔵小杉、月島、勝どき、品川、豊洲の六エリアのタワーマンションの修繕積立金の推計値を算出しているのだが、先に紹介した国交省のガイドラインに示された修繕積立金の下限値さえも下回るタワマンが八割強であったという。

この章の冒頭でも示したように、何とか一回目の大規模修繕をクリアしたとしても、二回目、三回目は、そう簡単にはいかないかもしれない。ことによると、臨時徴収金をめぐって住民間の対立を招く可能性も高い。うまく合意形成できればいいが、規模が大きいほど、困難になることは間違いない。

このように大規模修繕の困難さや多額の費用負担を考えると、タワーマンションという住形態は果たして本当に効率的なのか、大きな疑問が生じてくる。むしろ、時間が経《た》てば経つほど区分所有者に大きな負担を強いる時限爆弾のような住形態ではないだろうか。

デベロッパーは、そんなことなど一切考えていない。作って売って、儲かればいいのだ。売った後は基本的に区分所有者の責任。品確法（住宅の品質確保の促進等に関する法律）で、新築であれば、引き渡しから一〇年を過ぎると、すべての保証を免れる。大規模修繕工事を辞退することも可能だ。

このような住形態であるタワーマンションとは、購入した人を本当に幸せにするのだろうか。

マンション管理の主体は管理組合

分譲マンションの管理は、管理組合が主体となって行う。区分所有法ではそのように定められている。

管理組合とは何か。こういう基本的なことを知らずにマンションを購入して、暮らしている方が時々いる。だから一応の説明をしておきたい。

まず、管理組合は分譲マンションの区分所有関係が成立した時点で自動的に組織される。古いマンションではよく「うちのマンションには管理組合なんてないよ」とおっしゃる区分所有者がいる。それは管理組合が機能していないだけのことで、法的には存在する。

管理組合を構成するのはすべての区分所有者である。つまりはそのマンションを購入した人。借りて住んでいる人は、管理組合の一員とはなり得ない。あくまでも区分所有者が管理組合の構成員。

ほとんどの管理組合は、マンションを管理する業務を外部の業者に委託している。管理組合から発注されて管理業務を受託しているのが管理会社。

まずはこの基本的なスキームを理解していただきたい。

マンションの管理を行っているのは、基本的に管理組合であり、管理会社はただの業者に過ぎない、ということ。だから管理会社の業務遂行に不満がある場合には、管理組合を通してそれを伝えるのが正式なやり方である。そこのところを誤解して、直接管理会社や現場の管理員、あるいは管理会社の担当者にクレームをつけている方が結構多い。


さて、管理の主体となる管理組合はどういう組織なのか。

そもそも分譲マンションというのは、どういう住形態なのかという基本のキから説明しよう。それを一言でいうのなら「小さな自治体」である。区や村や町だと思えば分かりやすい。つまり、マンションとは同じ建物に住む人が集まっている共同体である。

その運営は、基本的に民主主義。分かりやすくいえば、物事はすべて多数決で決める。

管理組合は区分所有者全員で構成される。ただし、その日常の運営は理事会が担う。理事会とは区分所有者の代表で構成される、議会のようなものだ。

理事はどうやって決めるのか。それは各マンションがそれぞれ自分たちのやり方を定めている。各マンションの決まりは管理規約というものだ。

ほとんどの分譲マンションは、購入者に引き渡された時には管理規約がすでに決まっている。それは国土交通省が定める標準管理規約をベースにしたものだ。

理事は持ち回りの順番、というケースが多い。また「立候補を優先」という条項を盛り込んでいる場合も多い。

そして、理事の中から理事長が選ばれる。実は、この理事長の選出法や総会での議事運営には現行の区分所有法上の大きな問題がある。それは後述する。

管理組合は一年に一度、総会を開かなければならない。これには区分所有者全員が参加する、というのが建前だ。出席できない人はあらかじめ議決権行使書や委任状を提出する仕組みになっている。

その総会において、管理組合の決算と予算の承認や、その他に必要な議案について議論し、採決する。管理組合にとっては年に一度の一大イベントになる。

そもそも区分所有法が制度疲労を起こしている

現行の区分所有法で一番の問題は、理事長の悪意を想定していないことだ。

二〇一五年一一月、マンション業界周辺の話題をさらった大きな事件が発覚した。新潟県の南魚沼市の大型リゾートマンション「ツインタワー石打」（五七六戸）の管理組合前理事長が、理事長だった約一五年間に管理費など計約一一億円を着服していた疑いがある、と報道されたのだ。

その後の報道などで横領総額のうち時効とならない四億円分については管理組合側からこの元理事長に対して訴訟が提起された。しかし七億円は時効で返ってこない。

この元理事長は、通帳の残高を改竄《かいざん》したものを毎年の総会に提出して横領の発覚を防いできたという。

実際のところ、今の区分所有法では理事長が組合を私物化して、その資産を横領したり自分の懐に還流させるような支出を行うことを防げない。なぜなら、理事長の悪意を想定していないからだ。

区分所有法が制定されたのは一九六二年のことである。すでに半世紀を大きく超えた。そろそろ抜本的な見直しを行ってもよい時期ではないか。

どこを見直すかといえば、一番は理事長の悪意を想定することである。つまり管理組合や理事会の運営を透明化する方向だろう。

現状では理事長のやりたい放題が可能

年に一回は必ず開かれる総会では、居住する上での大事なことがほとんど決められる。その総会には決算や予算案、それにさまざまな議案が提出される。その議案を作るのは理事会の仕事だ。

そして、総会が開かれた限りにおいてほとんどの議案は可決される。少なくとも「普通決議」と呼ばれる出席（議決権行使書や委任状提出を含む）した区分所有者の過半数の議決で決まる議案は、否決されることなどまずない。

時おり、「特別決議」と呼ばれる全区分所有者の四分の三が賛成しないと可決されない議案が否決される。そもそも全区分所有者の七五パーセントもの賛成を得ること自体のハードルが高すぎるのである。

築一〇年以内のマンションなら特別決議も比較的可能だが、築三〇年を超えて資産価値の評価が低いマンションだと、区分所有者の管理へのモチベーションも低い。総会が開かれても、普通決議が有効になる全区分所有者の半数以上という定足数さえ満たせない老朽マンションは少なくない。

さて、分譲マンションの管理組合が総会を開く場合、その会場に姿を現して議決権を行使する区分所有者の割合は、多くて三割程度である。私が知る限り二割未満の場合がほとんど。では、残りの八割以上は何をしているのか。

その多くはあらかじめ議決権行使書もしくは委任状を提出する。議決権行使書は各議案別に賛否を書きこむ書類。委任状は自分の議決権を他の区分所有者に委任する場合の書類。多くは「議長一任」の項目に丸印を付けて提出される。「議長一任」を選ぶ人の多くは「まさか議長がヘンなことをするわけがない」と、ろくに知らない議長を信用してしまっている。議長とは、管理組合の理事長である場合がほとんどである。

ところが、議長である理事長が管理組合にとって不利益であるばかりか、犯罪行為に等しいことを行っている事例は枚挙にいとまがない。

先にあげた一一億円を横領した新潟県のリゾートマンション管理組合における事件がそ

の典型だ。しかし、あの事件のようにメディアで報道されるケースは氷山の一角といっていい。その多くは我々の知らないところで闇から闇へと葬られるのだ。

その理由は、そういったことが広く世間に知られると、そのマンションの資産価値が下がるからだ。だから区分所有者の団体である管理組合は、理事長が横領したことが明白になった場合でも刑事告訴や民事上の提訴を行わず、内々で済ませてしまう場合が多い。つまり、理事長が組合の資産を横領するのは、現行法制化では「やり得」という状態だ。

理事長になればすべてを支配できる

私が遭遇したある事件をご紹介しよう。

そのマンションは私が知った時点で築一〇年。なのに、築九年目あたりから管理組合の理事会では大規模修繕についての準備が進みだした。

先に触れたが、マンションというのは品確法によって躯体構造部分について築一〇年までの、売主による品質保証が定められている。つまり築一〇年までに発生した不具合については、売主企業に無料での補修を要求できる権利があるのだ。であるにもかかわらず、築九年時点で大規模修繕工事の準備をすること自体がおかしい。不具合が見つかれば、売主企業に指摘して無償での補修工事を要求すべきなのだ。

そのマンションの管理組合では、築四年目あたりに中古で購入して引っ越してきた人物が六年間理事長を務めてきた。

私はそのマンションで大規模修繕工事を議決する臨時総会が開かれる寸前に、区分所有者の有志グループからそのことを知らされて、彼らへのコンサルティングを引き受けることにした。しかし、時すでに遅しであった。

その臨時総会で理事長は自分に一任された委任状の議決権を行使して、賛成八割以上で大規模修繕工事の議案を可決してしまった。同時に自身が借りている駐車場の賃料を減額する議案や、自身の住戸の玄関ドア前に簡易な門扉を取りつけてポーチとして専用使用権を設定する議案までも可決してしまった。明らかに自分への利益誘導だ。

ただ、ほとんどの区分所有者は理事長が不可思議な大規模修繕工事や自分への利益誘導を行っていることに気付かないか、気付かないフリをした。だから八割以上という賛成ですべての議案を可決してしまったのだ。

私はまず、その賛成が八割以上とする議決権の行使に疑問を持った。なぜなら大規模修繕工事に反対する有志だけでも区分所有者の一五パーセント以上に達していたのだ。彼らは全員が反対票を投じている。

そこで反対派の区分所有者数名の連署による議決権行使書と委任状の開示を求めた。理事長側はこれを拒否。個人情報の秘匿、がその理由だった。我々は次に、有志たちの側に立つ弁護士のみに閲覧させることを求めた。しかし、これも拒否。理事長がありもしない議決権行使書や委任状を行使していても、これでは暴きようがない。

その時に、そのマンションの管理規約や区分所有法をつぶさに調べたが、議決権行使書や委任状の開示について定めた条項はなかった。つまり、現行法制化では理事長は総会で幻の議決権を行使しても、それを暴くことはもちろん、調べることさえできないのだ。

ちなみに、このマンションでは、件《くだん》の理事長が旗を振った大規模修繕工事が実行に移された。築一〇年なので修繕費が積み上がっていない。金融機関からの借り入れまで行った。

大規模修繕工事を終えた翌年、我々の動きもあって理事長は辞任。一区分所有者になった。その次の年、その元理事長の所有住戸は抵当権を設定している金融機関から競売を申し立てられた。その結果、元理事長は区分所有者ですらなくなった。理事長をやめたとたん、「収入」が途絶えて住宅ローンを払えなくなったのかもしれない。

その元理事長が辞任したことで管理組合の理事会は、正常化したかに見える。しかし、修繕積立金の勘定はマイナスのままだ。大きな地震でもあって費用の掛かる修繕工事が必要となった場合には、新たに借り入れを起こすか一時金を徴収するしかない。

元理事長が管理組合に残した爪痕は深い。

理事会の腐敗はタワーマンションで起こりやすい

このように、現行の区分所有法では管理組合の理事長が悪意をもって組合運営を私物化することを防げない。そして、こういった理事会や理事長の腐敗は通常の板状型よりもタワーマンションで起こりやすい。その理由は、集まる金額が大きくなることにある。

まず、タワーマンションは戸数の規模が大きい場合が多い。マンション業界では二〇〇戸以上の物件を「大規模」とカテゴライズする。階数が二〇階以上で住戸数が二〇〇戸未満のマンションは、ごく限られている。棟数割合では一割未満。タワマンはそのほとんどが大規模マンションの範疇《はんちゅう》に入る。

マンションの規模が大きくなると、管理組合に集まる管理費や修繕積立金などのボリュームも膨らむ。別の見方をすれば、私物化できる獲物が大きくなるのだ。

また本書でも触れた通り、タワーマンションの購入者は代々の富裕層よりもニューカマーの成功者が多いと思われる。共働きが多く、概して日常生活が多忙だ。自身が購入したタワーマンションの管理組合には必要最低限の興味しか示さないタイプがほとんどだろう。つまり、監視の目が緩くなりがちなのだ。

マンションの管理組合におけるさまざまな事件をカウントした統計資料はない。しかし、少なからぬ管理組合でさまざまな問題が起こっている。私は自分で調べるか相談者が持ち込んだ事例しか把握できていないが、普通の板状型よりもタワーマンションのほうが問題の事例は多いと感じている。

タワマン管理組合にとっての「特別決議」とは

現在では総戸数が三〇〇〇戸を超えるマンションもよく目にするようになった。タワーマンションなら一棟で一〇〇〇戸以上の物件も珍しくない。

こういったマンションにも区分所有法はそのまま適用される。

先に紹介した管理組合の特別決議は、全区分所有者の四分の三が賛成しなければならない、と区分所有法に定められている。

特別決議を必要とする議案は主に次の三項目。

1　管理規約の改定
2　共用施設の用途変更
3　管理組合の法人化

順番に説明したい。まず1の「管理規約の改定」。

管理規約とはマンションごとに定められたローカルルールだと考えればいい。前述したように、その多くは国土交通省の標準管理規約をベースにしており、マンションが竣工して管理組合が発足した時にはすでに管理規約が存在している。これは新築分譲時に売主であるデベロッパー側で用意しているのだ。その管理規約にマンションの購入者は全員、同意のハンコを押させられているので、法的には有効。

しかし、発足時から決まっている管理規約は基本的にデベロッパーやその子会社である管理会社に都合よく定められている。さらにいえば、マンションの個別の事情を細やかに想定していない場合も多い。

購入者が引き渡しを受けて住み始めると、当初の管理規約に従ったままではさまざまに不都合なことが生じるのだ。

例えば標準管理規約の第三五条二項には「理事及び監事は、組合員のうちから、総会で選任する」というのがある。これは考えてみればおかしな条項だ。

管理組合は組合員から管理費や修繕積立金を徴収し、必要に応じて支出する。マンションが数百戸の規模になれば、一年間に動かす金額は億の単位になる。

例えばこれが企業の場合、上場基準を満たすためには会計における外部監査が必須である。

マンションの管理組合の場合、この監査機能については「監事」が行うことになっている。しかし、この標準管理規約では監事も「組合員のうちから、総会で選任」と定められている。このままだと区分所有者以外は監事になれない。

私が見るところ、ほとんどの管理組合ではこの監事と呼ばれる役員が本来の機能を果たしていない。つまり、管理組合のさまざまな業務が適法で適切であるかどうかをチェックして、おかしなことがあったら指摘するようなことは行われていない。

本書で紹介したマンションの管理組合をめぐるさまざまな事件は、監事がしっかりと機能していれば未然に防げたはずだ。

そもそも、管理組合の理事や理事長になる人からして監事という役員の役割を理解していないケースがほとんどだろう。

管理組合によっては、長年同じ顔触れの役員が続くことがある。その場合は、どういうわけか「管理好き」な人間が集まってしまったのだろう。そういう管理組合でありがちなのは「去年は副理事長をやったから、今年は監事をやります」などというやり方で、単なる役員の持ち回りとして監事を選任している。

こういう管理組合で監事が機能するとは思えない。何事もナアナアで処理されるようになる。管理費予算を使った「懇親会」が頻繁に開かれるくらいならまだましだ。あるいは、管理会社と癒着してバックマージンをもらうのも、まだかわいいほう。

そのうち横領まがいの行為に発展するケースも出てくるだろう。

そういうことを防ぐためには、監事をしっかりと機能させることが早道である。何よりもまず、この「組合員のうちから、総会で選任」という項目を変更しなければならない。法律や会計の分野で知見を有する専門家を監事としてマンションの外部から招聘《しょうへい》することで、こういった危険はかなりの確度で防ぐことができるはずだ。

しかし、そのためには全区分所有者の四分の三が賛成する特別決議によって管理規約を変更することが必要となる。

外部から監事を招いた都心のタワーマンション

一方で監事がきちんと機能している例もある。

東京都港区、地下鉄二線が乗り入れる白金高輪駅の、ほぼ真上にあるのが「白金タワー」だ。二〇〇五年の竣工、住戸数は五八一。他に元地権者たちの保有する店舗などもある。

この白金タワーでは、管理組合は法人化されていて、監事を外部から招聘している。二〇一八年度からは三人体制で、いずれも上場企業で監査役や内部監査を長年経験してきたベテランである。うち二名はマンション管理士とのことだ。

管理組合法人の理事会は月に一回程度開かれるが、毎回監事も出席している。理事会での話し合いや議決の結果と過程等に関して、第三者の立場から理事会活動の有効性を評価している。また適宜、理事と個別に面談し、その結果を理事会で報告している。

もちろん、組合法人の会計も専門家としての厳しいチェックを行っている。そこからは「銀行の預金残高を改竄」といった事件など、決して起こりそうにない。

また、財務体質の健全化を図るため、修繕積立金の将来の負担増を防ぐために平準化が図られ、総額予算執行管理も行われている。さらに、マンション内に訪問看護ステーションを誘致し、居住者の健康づくりや、在宅看護、「終活」を手厚くサポートする体制なども構築している。

こうした長期的な視野に基づいた運営を行っているマンションは、年を経るごとに「ヴィンテージ化」が約束されている。

二〇一一年度から理事長を務め、さまざまな取り組みのリーダーシップを発揮している理事長の星野芳昭氏は語る。

「これだけのお金を動かし、今まで世間ではやっていないさまざまな新しい試みを行うのですから、会計監査や業務監査は当然のこと、理事会の審議過程やそれに基づく執行状況の監査や、その先の管理会社の監査も含めて、上場企業の水準で行わなければならないはずです」

理事会では一年に一度の「お疲れさん会」という宴《うたげ》を催すが、外部監事は招かないという。理事と外部監事との親睦会もない。

やや厳しいようだが、それでこそ監事が監事として機能するのではないだろうか。

タワマンだからこその問題点

次に、2の「共用施設の用途変更」について。

最近では少なくなったが、東京の湾岸エリアのタワーマンションの中には豪華設備・施設をウリにしている物件もあった。その典型的なものが屋内プールと温浴施設だ。

都心の主だった繁華街や、ある程度利用客のいる近郊の駅前にはスポーツジムやサウナは珍しくない。にもかかわらず、マンションの中にわざわざプールや大浴場を作ることに、どれほどのメリットがあるというのだろうか。

そういうタワーマンションを喜んで購入する人は、それらの維持費をすべて自分たちが払う管理費で賄っていることを、どの程度理解しているのか。

例えば、屋内プールの維持費は年間四〇〇〇万円だという。一〇〇〇戸のマンションなら一戸あたり四万円。月々にすると三三三三円。

人によっては「たった一日一〇〇円じゃないか」と考えるかもしれない。

毎日プールを使う人にとって、一日に一〇〇円というのはありがたいかもしれない。しかし、人によっては何年間も使わなかったりする。場合によっては一度も利用しない、という人だっているだろう。

例えば、ハワイのリゾートホテルなら話は分かる。水の中に入らなくても、プールサイドで飲み物を楽しむくらいはするだろう。

しかし東京の湾岸エリアの居住用のタワーマンションである。屋内プールの居住者利用率というのはどれくらいなのだろう。そういったことは管理会社か管理組合しか知り得ないことで、外部には漏れてこない。

まず、百歩譲って「購入者はそれを納得して決めたのだからいいではないか」ということにしよう。では二〇年後、あるいは三〇年後はどうなっているだろう。

新築直後と比べて利用率が高まっているとは思えない。設備の老朽化、さらには物価や人件費の上昇に伴って維持管理コストは上がっているはずだ。

管理組合の中で「あんなものは要らない。集会室に変えてはどうか。そのほうが維持費は格段に安くなる」という意見が出て、多数派になってしまったとする。

この「プールを集会室に変更」というのが、先にあげた二番目の「共用施設の用途変更」にあたる。管理組合の総会における特別決議（四分の三以上の賛成）が必要なのだ。

プールを設置できるほどのマンションは、タワマンの中でもかなり大規模である可能性が高い。仮に一〇〇〇戸とすると、七五〇戸の賛成が必要だ。取材で訪れた湾岸エリアのあるタワマンでは、掲示板に委任状の提出を呼びかける貼り紙がしてあったが、約一〇〇〇戸中、半数程度が委任状さえ提出していない状況で、未提出者に向けて督促する内容が書かれていた。

果たして新築時から三〇年程度を経過した湾岸のタワーマンションで、特別決議は容易に可決されるだろうか。

「廃墟化」を回避するには

こうした問題を回避する方法として、新潟県の湯沢エリアのリゾートマンションの事例が参考になる。この地域では今、リゾートマンションの管理組合が次々と法人化しているのだ。

3の「管理組合の法人化」とは、管理組合という組織自体を法務局に「管理組合法人」として登記することである。これによって、その管理組合は法人格を持つことができる。

法人化するメリットは何か？

最大のメリットは、不動産を所有できることだ。

湯沢エリアでは、バブル期前後に建設・分譲されたリゾートマンションの資産劣化が激しい。三〇年前には四〇〇〇万円で分譲されたマンションが一〇〇万円未満で売り出されているケースも珍しくないのだ。

その中には先に触れたマンション管理組合の事件史上、最大の横領事件が起こったタワーマンションも含まれている。


この湯沢エリアに集まっているリゾートマンション管理組合における最大の悩みは、管理費や修繕積立金の滞納だ。滞納する住戸が多くなり、管理組合にとって必要なお金が徴収できなくなれば、管理業務に支障をきたす。

まず、管理会社に支払う業務委託費に不足が生じた場合、業務サービスを受けられなくなる。今のマンション管理業界は深刻な人手不足に悩まされているので、契約通りの委託費を支払ってくれない管理組合に対しては、即座にその役務提供を停止するはずだ。その次に待っているのは、契約破棄である。

マンションの管理業務の主なものは清掃とゴミ出しである。管理会社が逃げたマンションはたちまち薄汚れ、ゴミが散乱した状態になる。そんなマンションを購入したり借りようとする人は極端に少なくなるだろう。そうなればもう、そのマンションは廃墟化への道を加速しながら走ることになる。

湯沢エリアのマンション管理組合は、そのことが分かっているからこそ必死でそういった軌道に乗ることを避けようとしている。

まず、滞納住戸へは厳しく督促する。それで支払いを再開してくれればいうことはない。ただ、中には本当にお金がなくて支払えない区分所有者もいる。

そういう場合は、裁判所に競売を申し立てる。

管理組合が法人化されている場合、こういった裁判所への申し立てはスムーズかつ簡素になる。管理組合が任意団体のままだと、やや複雑だ。

競売申立の目的はまず、競落された額から管理費や修繕積立金の滞納分を回収することだ。あるいは、競落者へ滞納分を請求することもできる。

しかし、滞納住戸の売却基準額が一万円や五万円であることは珍しくない。その場合、競売を申し立てた管理組合が自ら競落する。あえて二〇万円や三〇万円という額で入札することも多いという。その理由は「一万円で競落されると、さらに滞納などのトラブルになりやすい」ということらしい。あるいは反社会的勢力の競落を警戒してとのことだ。

この場合、管理組合が任意団体のままだと競落する資格がない。法人化していると、管理組合として競落住戸の区分所有権を保有できる。

競落した住戸は、新たな購入者を探す。もちろん、最低限管理費や修繕積立金をきちんと支払ってくれることが売り渡しの条件になる。


このように、廃墟化の危機に立ち向かうためには管理組合が法人化しているほうがいい。しかし、法人化するためにはやはり総会での特別決議が必要だ。

廃墟化への危機が見えた段階では、管理組合の活力は相当に削《そ》がれているかもしれない。

築年数が浅く、管理に熱心な居住者が多いと特別決議も比較的やりやすい。そのような早い段階で管理組合は法人化すべきだろう。特に戸数の多いタワーマンションは、早めの法人化が望まれる。

法人化することで、管理組合の運営は任意団体とは違ってさまざまな法規制を受けた半ば公的なものとなる。その運営ノウハウを蓄積することで各区分所有者の参加意識も高まるはずだ。それが結果的に総会への参加率を高めて特別決議を容易にしている例も多い。

投資目的で購入されたタワマンの末路

首都圏のマンションだからといって、そういった状況と無縁とは限らない。すでに遠隔郊外では築年数の古いマンションの一戸あたりの価格が二〇〇万円や三〇〇万円になっている場合もある。

こういった「廃墟化への波」は、やがて東京の郊外に建てられたタワーマンションにも及ぶはずだ。

新築マンション市場を眺めていると、東京駅へ快速で五〇分以上もかかる場所に、タワーマンションが分譲されていたりする。私から見れば、そういった場所にタワーマンションを建設する理由は見出せないのだが、建てれば売れてしまう。そういった場所でも、タワマンに住みたがる人はいるのだ。

また、新幹線が各停しかとまらない地方都市の駅周辺にも、多くのタワーマンションが開発・分譲されている。価格は東京の近郊と変わらなかったりする。

こんな場所で誰が買うのだろうというようなタワマンもよく売れる。開発したデベロッパーから漏れてくる話だと、主に地方の名士や開業医が購入しているそうだ。彼らは自分で住むために買うのではない。「保有している」というステイタスのために購入する。だからセカンドハウスとしての需要が大きいという。

しかし購入者の属性や購入動機を考えると、東京湾岸エリアのタワーマンション購入者が主にニューカマーの成功者であることと、どこか近しいものを感じる。

そういったタワマンも、いつかは湯沢エリアのリゾートマンションと似たような状況に立ち至るかもしれない。

そもそも「住む」という需要から離れたところで開発され、時の富裕層に購入されたという点で、こういったタワーマンションを取り巻く状況は似ているのだ。だから「住まなくなった」あるいは「使わなくなった」時点で、資産価値は大きく下落する。そして、管理面からの廃墟化の危機が迫ってくる。

ただ、まだ時間はある。そういった危機が可視化されるのは、今から二〇年後か三〇年後だろうからである。

資産価値のあるマンションは特別決議もやりやすい

二〇一八年の六月から、いわゆる民泊新法（住宅宿泊事業法）という法律が施行された。旅館やホテルでない民間の住宅に、金銭を授受して旅行客を泊めることを可能にした新法である。

この法律には複雑な制約がいくつもあって、誰もがそう簡単に民泊を始められるわけではないが、役所への必要書類の提出などといった規定を満たせば、合法的に民泊を始められる。

しかし、分譲マンションでは、管理規約で禁止されている場合には民泊行為はできない、ということになっている。

日本では二〇一五年頃から翌年にかけて民泊のブームがあった。アメリカからやってきた、民泊のホストとゲストをマッチングするサイトの利用が広がった。その結果多くの人がホストとなって民泊を始めたり、逆にゲストとして利用するようになったのだ。

しかし、分譲マンションでの民泊は区分所有者や住民にとってすこぶる評判の悪いものだった。民泊で利用するゲストの多くは外国人であり、共用施設の利用マナーを守らなかったり、エントランスホールにたむろして大声で話す様子は、マンションの住民にとっては好ましくない。また、見知らぬ人が毎日出入りしていることにも不安をかきたてられる。

そこで、民泊新法が施行される前から管理規約で民泊禁止を定める管理組合が多くなった。正確な統計数字はないが、都心や湾岸など民泊に利用されていたと思われるほとんどのマンションの管理組合で、民泊禁止の規約改正が行われたのではないだろうか。

そのことに、私は少々驚いた。

身近なところでは、私が事務所を置く築五〇年ほどのマンションでも、易々と民泊禁止の特別決議を可決してしまったという。

管理組合の方に「榊さんの記事を読んだおかげでスムーズに管理規約を変えられました」と感謝された。

こういった管理組合では、ほとんどが二〇一八年の六月までに管理規約に民泊禁止を盛り込んだはずだ。だから、かつて盛んだった都心や湾岸エリアにおける分譲マンションの民泊は、ほとんど見られなくなった。

しかし、その流れは郊外までは及んでいないと思われる。なぜなら、一般的に資産価値が低評価になるほど管理組合の活動も鈍ってくるからだ。

都心や湾岸エリアに林立するタワーマンションも、資産価値がそれなりに評価されているうちは特別決議もさほど困難ではないのかもしれない。特に民泊は関心も高く、また、その議決によって住民はなんら金銭負担も発生しないので、特別決議もそれほど難しいものではなかったのだろう。

しかし二〇三〇年以降の状況は楽観できない。二〇〇〇年頃から始まったタワーマンションの竣工ラッシュから予測すると、前述のように二〇三〇年以降は二回目の大規模修繕ラッシュが始まる。ブームで誕生したタワマンの先頭集団が、築三〇年を迎え始めるのである。

当然、最初に購入した区分所有者も購入時から三〇年分ほど高齢化している。中には年金生活に突入している区分所有者もいるはずだ。

さらには、所有はしているけれど自分では住まずに賃貸運用に回している人も多くなる。私の経験から申し上げると、住んでいない人のほうが管理組合の活動に無関心になる。総会に出席しないのはもちろん、議決権行使書や委任状さえ提出しなくなる。

何度も申し上げるが、特別決議は全区分所有者の四分の三以上の賛成があって、初めて可決される。四分の一以上の人が議決権を行使しないか反対すると可決できない。

人間の習性として、購入したばかりの高額商品には熱い感情を抱いている場合が多い。あるいは高く売れるモノについても関心を失わない。しかし、自分の興味の外にあるモノについては関心も興味も失ってしまう。それは不動産でも同じだ。

二〇三〇年以降、タワーマンションに対する世間の評価が今と同等以上であれば、管理組合が特別決議を行おうとしてもさほど困難ではないかもしれない。しかし、災害などをきっかけにタワマンに対する世間の評価が今よりも低下している場合、特別決議はそれほど簡単ではなくなっている可能性もある。

あるいは、タワーマンションの廃墟化が現実となっていた場合、その資産価値は今ほど高く評価されないはずだ。むしろ「タワー」というだけで、人々から敬遠される風潮が広がっている可能性もあり得るだろう。

第三章　災害に弱いタワーマンション

長周期地震動という新たな脅威

日本は世界一といっていいほどの地震大国だ。だから、これまで地震に強い建物を作るための試みがさまざまに行われてきた。マンションについては、何といっても建築基準法であろう。

中古マンションの耐震性を判断する基準に「新耐震」と「旧耐震」の区別がある。一九八一年の六月に建築基準法の改正が施行され、ほぼ今と同じ耐震基準ができ上がった。これ以降に建築確認が下りた建物を「新耐震」と呼ぶ。それ以前は「旧耐震」。

この基準が注目されたのは一九九五年に起こった阪神・淡路大震災。数多くの建物が倒壊あるいは補修できないほどに大破したが、そのほとんどは旧耐震の建物だった。

二〇一一年に発生した東日本大震災でも、新耐震の建物のほうが旧耐震に比べて被害が少なかったことが立証された。したがって、不動産業界では「取りあえず新耐震のマンションを選んでおけば安心」という考え方が浸透した。

さらに、東日本大震災においては免震や制振構造の超高層建物の揺れが、普通の耐震構造の建物に比べて小さかったことが確認された。したがって、東日本大震災以後に計画されたタワーマンションは、ほとんどが免震や制振構造を採用した。そのどちらかなら安心である、ということをマンション業界ではほとんどの人々は信じている、といって過言ではない。

ところが、そういった耐震基準がここにきて大きく揺らぎだした。その理由は二つある。

まず、第一に東日本大震災の発生によって「長周期地震動」というものが注目された。長周期地震動というのは、大きな地震で発生する、揺れの周期が長い地震のことだ。一回の揺れが一〜二秒から七〜八秒で、横に大きく揺れる動きである。

この長周期地震動は、どうやらタワーマンションのような超高層建築において、より危険が大きいようだ。つまり高層階ほど大きく揺れるので想定外の被害が出やすいのだろう。そしてこの長周期地震動というものを、現行の建築基準法では想定していない。

二〇一六年六月、国土交通省は「超高層建築物等における南海トラフ沿いの巨大地震による長周期地震動への対策について」を公表した。

それによると「対象地域」における長周期地震動への対策を、新築と中古に分けて示している。新築の場合は、二〇一七年四月一日以降に性能評価を申請して、大臣認定に基づいて建築される「高さが60mを超える建築物と4階建て以上の免震建築物」の長周期地震動に対する安全性の検証が義務化されている。

中古の場合は、対象建築物は同じだが、「自主的な検証や必要に応じた補強等の措置を講じることが望ましい」とされた。ただし、義務化されていない。何とも中途半端な対策ではないか。

また同資料には左の図4のように南海トラフ沿いの巨大地震が起きた場合に、設計時の構造計算に用いた地震動を上回る地域が示されている。つまり、そのエリアでは、想定以上の被害を受ける可能性があるということだ。

この新たに判明した長周期地震動への対応を盛り込んだ形で建築基準法を改正すると「新・新耐震」という基準ができてしまうので、従来の「新耐震」は危険だと世間に捉えられるかもしれない。そうなれば不動産市場に混乱を招く可能性もある。それを避けるために、こういう中途半端な対策で長周期地震動というタワーマンションに対する新たな脅

図4　南海トラフ沿いの巨大地震で構造計算に用いた地震動の大きさを上回る可能性がある地域

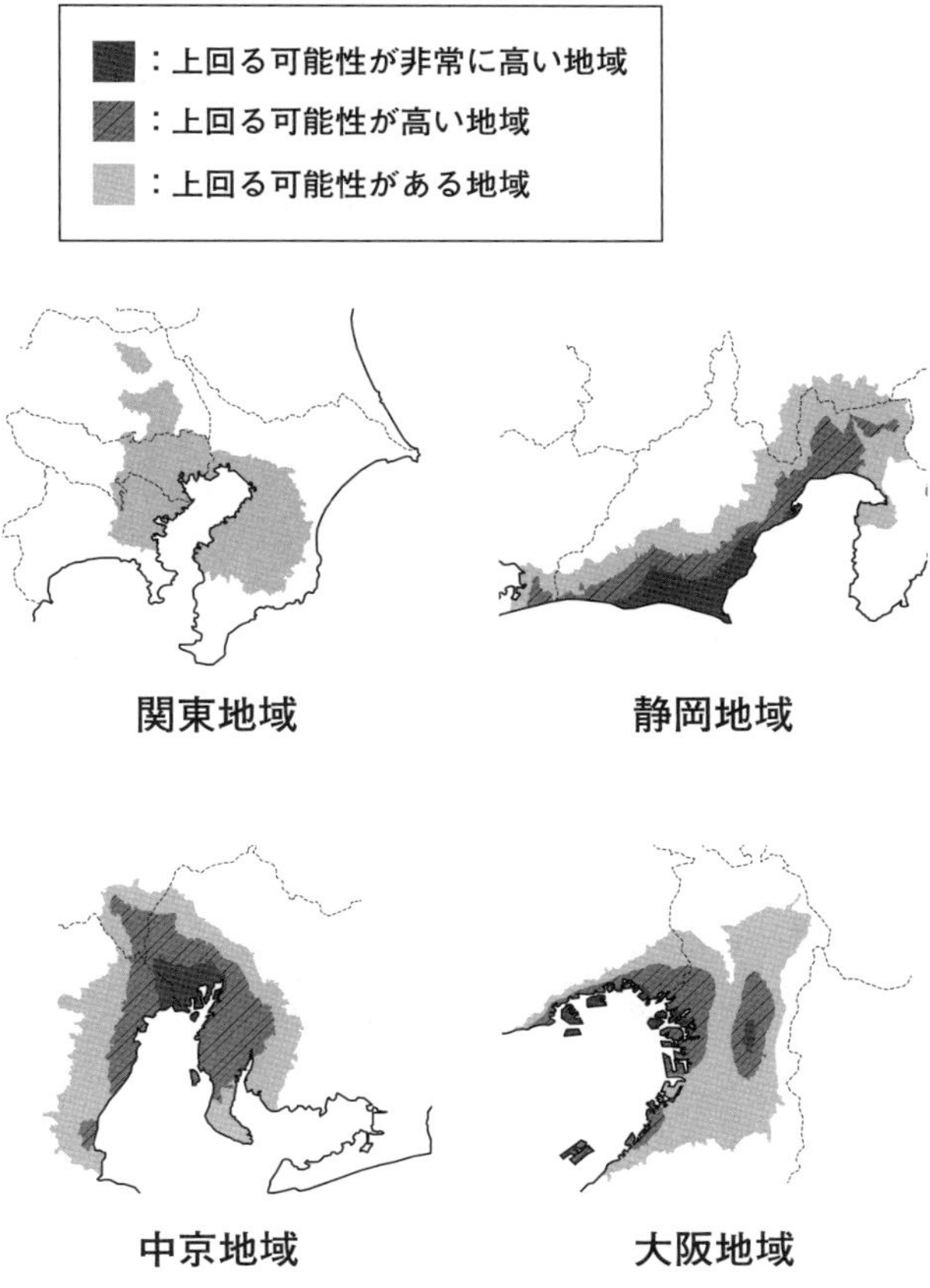

（国土交通省の資料をもとに作成）

威をごまかそうとしているのではないかと勘繰ってしまう。

長周期パルスでタワマンが倒壊する可能性も

そして、二番目は二〇一六年の四月に発生した熊本地震にみられた現象である。被害などは報道された通りだが、この地震で建物の耐震専門家に大きな衝撃を与えるデータが観測された。熊本県阿蘇《あそ》郡西原村の役場に置かれた地震計で観測された、特殊な揺れだ。それは「長周期パルス」と呼ばれるものだった。

長周期パルスとは、三秒ほどの長周期の揺れが大きな変位を伴って一気に発生する大きな地震動のことだ。熊本地震では活断層付近で観測された。

この長周期パルスについてはＮＨＫが「メガクライシス・シリーズ巨大危機Ⅱ　第１集都市直下地震　新たな脅威〝長周期パルス〟の衝撃」という番組（二〇一七年九月放映）の中で紹介し、世間に大きな衝撃を与えた。

簡単にいえば、長周期パルスではこれまで想定していたよりも大きな揺れが突然発生するということだ。そして、現状の免震や制振構造は長周期パルスを想定していない。だから、長周期パルスに襲われたタワーマンションがどのようになるのかについても想定されていなかった。

番組の中で工学院大学の久田嘉章教授は「本当に条件が悪いと、倒壊する可能性はゼロではなかった」とコメントしている。

また、番組が制作したシミュレーションドラマでは、建物が崩壊の危険にさらされて人々が逃げ出すシーンも出てくる。

それはまさに「タワーマンションは地震に強い」という、これまでの常識を覆す内容であった。番組では多くの専門家が今、その対策としてさまざまな手法を考案していることも紹介していた。

長周期パルスが発生しやすいのは、活断層のあるエリアである。大都市の中では、特に大阪市の中心部が危険とされていた。

阪神・淡路大震災の後、「一九八一年六月施行の新耐震基準を満たしたマンションなら安心」というムードがマンション業界を始めとして世間一般に広がっていた。しかし、東日本大震災後に注目された「長周期地震動」と、熊本地震でにわかに浮かび上がった「長周期パルス」の存在により、新耐震といえども確かな安全性が確保されていない可能性が見出された。

実際のところ、タワーマンションが林立するエリアに震度7以上の地震が起きたケースはない。今までは「新耐震なら大丈夫」という共通認識が持てたが、本当に地震が起こってみないと分からないのではなかろうか。

大阪北部地震でエレベーターが停《と》まった！

二〇一八年六月一八日午前七時五八分頃、後に大阪北部地震と呼ばれる大地震が発生。大阪市北区や大阪府高槻市など府内五市区では震度6弱、大阪、京都両府内の一八市区町で震度5強が観測された。

二〇一九年二月一二日までの消防庁の集計によると、大阪府内で死者六名、二府五県で負傷者四六二名（うち重傷者六二名）、住宅の全壊は一二棟で半壊は四五四棟。一部破損五万六八七三棟、火災は大阪府と兵庫県で七件確認されている。

この地震によってマンションが大きな被害を受けたとは伝えられていない。心配された長周期パルスも観測されなかったようだ。

ただ国土交通省や日本エレベーター協会によると、地震の被害が大きかった二府三県（大阪・京都・兵庫・奈良・滋賀）で、六万六〇〇〇台のエレベーターが緊急停止した。これは稼働台数の約半分にあたるという。これによって一時的ではあるが、東日本大震災の二一〇件を上回る三三九件で閉じ込めの被害が見られた。ちなみに、熊本地震の時に起きたエレベーター閉じ込め事案は五四件である。

日本エレベーター協会は大規模地震が発生した際の復旧作業の優先順位を設けている。それによると、優先順位は以下のようなものだ。

1　人が閉じ込められている
2　病院など緊急性が高い施設
3　自治体などの公共施設
4　概ね高さ六〇メートル以上の高層ビル

5　その他の建物

大阪北部地震でのエレベーター停止による閉じ込め事案は、おおよそ数時間で全員が救出されたと推定される。しかし、停止したエレベーターの復旧には最長三日を要したケースも見られる。そのマンションに住んでいる人々は、三日間エレベーターが使えなかったのだ。

仮に同程度の地震が東京の都心を襲った場合にはどうなるのか。

例えば、八割以上の世帯がマンションに住む東京都中央区。震度5弱を観測した二〇一一年の東日本大震災では、七五パーセントのマンションでエレベーターの復旧が翌日以降にずれ込み、一三パーセントは一週間以上かかった。

今回の取材を通じて知り合った、東日本大震災当時、湾岸エリアのタワマンの三七階に住んでいた方が、自らの経験談を語ってくださった。

彼にはその時、保育園児のお子さんが二人いた。仕事先から住んでいる地区に戻ると、何とか子どもたち二人に会えた。しかし、タワマンのエレベーターは停まったままだった。実はそのマンションは、その日の夜にはエレベーターが復旧するのだが、夕方時点でそれは分からない。彼は三七階の自宅に向かって、小さな二人の子どもとともに三人分の荷物を持って階段を上がることにした。エントランスを出発して、三七階の自宅にたどり着けたのは一時間後だったという。

日本エレベーター協会によると東京都内のエレベーターの台数は二〇一八年三月時点で約一六万五〇〇〇基。東京都は一二年に公表した首都直下地震の被害想定で、震度6弱なら一五パーセントのエレベーターが故障する可能性があると試算している。修理が必要になれば復旧はさらに長期化する恐れもある。

タワーマンションは、電力が供給されて「エレベーターが正常に稼働している」というのが大前提の住形態である。もしもこの前提が崩れたら、通常の日常生活を営むことさえ困難になる。多くのタワーマンション住民は、そのことをほとんど認識しないか、あるいは「そんなこと滅多にあるわけない」という安易な想定で生活しているのではないだろうか。

東日本大震災の時には「想定外」というのが流行語のようになった。しかし、毎日のニュースを見ていても「想定外」のことはわりあい頻繁に起こっている。タワーマンションに住んでいる限り、「エレベーターが使えなくなる」という状態を「想定外」にするべきではない。

東日本大震災の時にも、多くの被災地では電力の供給が途絶えた。電気が来ないのでエレベーターが使えなくなったある八階建てマンションでは、居住者の多くが高齢者だった。彼らは敷地内にテントを張って、お互いに励まし合って電力供給が再開されるまでの数日を過ごしたという。

もしも数百世帯が住むタワーマンションで電力の供給が止まったら、いったいどのようなことになるのだろう。

非常用電源が七二時間あったとしても、その後は……

二〇一一年三月一一日に発生した東日本大震災以降に計画された新築マンションでは、

災害に対するさまざまな設備や施策が採用された。

タワーマンションでは、それまで非常用電源の稼働時間は二四時間程度が標準だったのが、東日本大震災以降は七二時間が当たり前になった。つまり、地震で電力供給が途絶えても七二時間は非常用エレベーターを動かせるのである。

誤解のないように申し上げておくと、非常用電源で動くのは非常用のエレベーター一基のみの場合がほとんどである。そのタワマンにあるすべてのエレベーターが通常通り動くわけではない。

また、非常用電源は発電機を稼働させることで生み出される。発電機は重油などの燃料で稼働する。だから、七二時間分の発電用燃料が敷地内に保管されている場合が多い。

東日本大震災以前に東京の都心で竣工していたあるタワーマンションでは、やはり二四時間分の燃料しか敷地内に貯蔵されていなかった。その組合はたまさか、実務能力や想像力に長《た》けた辣腕《らつわん》理事長によって運営されていた。彼はこれを三倍に増やして七二時間分とすることを計画した。しかし、さまざまな増量法を考案したが、いずれも断念せざるを得なかった。消防法上の規制がクリアできなかったのだ。

彼はその代わり、ユニークな手法を取り入れた。敷地内に電気自動車を常に数台駐車させておき、電力供給が途絶えた場合にこの電気自動車のバッテリーに備えられている電力を使用して、非常用エレベーターを動かすのである。

この方法はすでに実験を経て実用化されているという。

阪神・淡路大震災の後、被災地区では七日間程度インフラが停まったとされる。東京に大きな地震がやってきて、七日間電力の供給が停止するとどうなるのか。比較的新しいタワーマンションでは発電機を回して七二時間は非常用のエレベーターを動かせるはずだ。しかし、その後の四日間はどうなるのだろう。

二四時間しか発電機を回せないタワーマンションは、さらに過酷な状況に見舞われそうだ。

すでにタワマンに居住している方は、自分が住むマンションの非常用発電が何時間稼働できるのかを確認されるべきだろう。もし二四時間だったら、その時間をどのように使うかを考えておくべきだ。家族をマンションの外に避難させるのか、それとも外部から必要な物資を運び込むことに使うのか。

タワーマンションに住む場合には、そういった準備も怠れないのだ。

電力供給が途絶えると、水も出ないのがタワマン

タワーマンションの災害に対する弱点は、電力供給が途絶えることによるエレベーターの停止だけではない。タワマンの上水道は電力が供給されることを前提としている。電力によってポンプを稼働させ、水道水を上層階まで押し上げているのだ。

「飲料水ならペットボトルでストックしているよ」

そういう準備をしている住戸もあるだろう。飲料用は一人あたり一日三リットルが目安とされている。二リットルのペットボトルが六本入ったケースを一五個も用意すれば三人家族で二〇日は持つ計算だ（しかしそれだけストックするにはかなりのスペースを必要とするが）。問題は飲料水だけではない。水道が止まればトイレが流せなくなるのだ。むしろこちらのほうが問題。衛生環境が悪化すれば健康面での不安も大きくなる。

水洗トイレを機能させるための水量は、飲料水の比ではない。軽くその五倍は必要だろ

う。給湯器であるエコキュート内部に貯《た》めてある水を利用する、といった手法もあることにはある。しかし、すべてのタワーマンション住戸でそういった手法が可能であるわけではない。

一戸建てやマンションの低層階なら、水道が止まってもポリタンクを持って災害時に臨時で設けられる給水場まで汲《く》みに行くことは可能だ。

さらに、自治体や自衛隊などが設置する屋外の仮設トイレを利用することも想定できる。しかし、タワマンなどの高層階に住んでいるとエレベーターが動かない限り、マンションの外に設置される仮設トイレを利用したり、あるいは給水場までポリタンクを持って気軽に駆けつけることなど事実上不可能だ。

近年、国は震災時の「自宅内避難」を推奨している。果たしてタワマン住民にとって、電気が止まったままでも自宅内避難が賢明なのかどうか、改めて考える必要があるだろう。

また、東京都心のタワマンに住む人で、東日本大震災の時、「うちはすぐエレベーターも復旧したし、家の中の物も何一つ落ちていなかったから大丈夫」という人もいるだろうが、今後想定される首都直下地震も何とかなるだろうと考えるのは楽観的すぎる。当然のことながら、震源地が異なる上に、想定される地震の規模も全く違うからだ。

湾岸エリアは液状化でトイレが完全に使えなくなる

大きな地震が東京を襲うと、タワーマンションの多い湾岸エリアでは水道自体が止まってしまう可能性がある。

まず、湾岸エリアはほとんどが埋立地なので、大きな地震が来ると液状化の可能性がある。東日本大震災の際には、埋立地である新浦安エリアで広範囲な液状化が見られた。

液状化はただ地面から地下水が噴き出すだけではない。地中に設置されている上下水道管を破壊してしまう。そうなると、水道から水が出なくなるだけでなく、排水も不可能になってしまう。つまり、水があったとしてもトイレが流せなくなるのだ。

東日本大震災の直後には、浦安市が液状化地域に仮設のトイレを設置した。その前には長蛇の列ができたという。仮設トイレの使用が二時間待ちという状態にまでなった。

東日本大震災では東北地方を中心に一万八〇〇〇人以上の死者と行方不明者が出た。それに比べればトイレが使えないくらいは、大きな被害とはいえない。だから、あの当時はメディアでも、新浦安の状況はほとんど報道されなかった。そのせいでさほど知られていないが、実態はかなり悲惨なことになっていた。

仮に東京で震度6以上の地震が発生した場合はどうなるのか。

大阪北部地震は震度6弱で、死者は六人だった。人口や建物が過密した東京で同程度の地震が発生すると、死者はそれよりも多くなるのではないか。

エレベーターに閉じ込められる人は軽く一〇〇〇人を超えるだろう。最後の一人を救出するまでには、大阪北部地震のように数時間というわけにはいかないはずだ。最悪はエレベーター内で病人や死者が出る可能性もある。

それに追い打ちをかけるのが液状化だ。さらに深刻な被害をもたらすだろう。

仮に比較的新しい時期に埋め立てられた江東区の湾岸エリアで液状化が起こり、上下水道が使えなくなると悲惨である。

もちろん、仮設トイレも作られるだろう。しかし、タワーマンションが林立するエリアは人口密度が高い。多少仮設トイレを設けても、それこそ東日本大震災の時の新浦安のように長蛇の列ができてしまうだろう。

さらに、トイレを求めて内陸部に移動するトイレ難民が発生するかもしれない。

ただ、仮に地中の上下水道管が破壊されて使えなくなっても、長くて一カ月もすれば復旧するはずだ。深刻な問題はその後かもしれない。

不動産価値も下落する

震度6でも死者が少なければ、相対的に湾岸エリアの液状化もニュースとして大きく扱われるだろう。そうなれば東日本大震災の時の浦安以上に、多くの人が知るところとなる。

東日本大震災の後、液状化した新浦安や海浜幕張エリアでは地震直後にはマンション価格が大きく下落することはなかった。しかし、その後数年かけて徐々に下落した。

二〇一九年の初頭時点では、都心を中心とした局地バブルによって東日本大震災発生時点の水準に戻りつつあるが、他のエリアに比べると弱含《よわぶく》んでいることも確かだ。今後、不動産の相場が下落に転じると急激な値下がりもあり得ると私は予測する。

同様のことが、湾岸エリアに林立しているタワーマンションにおいても起こり得るのだ。

惨状は当時の新浦安を上回るかもしれない。なぜならタワマンのほうが人口密度は高いからだ。

仮設トイレの前で長蛇の列を作る人々の画像や動画がメディアやネットに流れると、当然そういった人々が住むタワーマンションへの購入意欲を減退させるだろう。本書でも取り上げているタワマンの災害に対する弱さを多くの人が認識することになる。

そうなればタワマンへの幻想を抱く人々を冷静な視点へと導く可能性が高くなる。タワマンの市場価格が幻想に支えられているとすれば、強力な下落要因を抱えているともいえる。

タワマン住民で避難所が溢《あふ》れる

どうやら、東京都は大地震が発生した時にタワーマンション住民が行政の指定する避難所にやってくることを想定していないのではないか、と思える節がある。その理由は、タワーマンションの林立しているエリアにおいて設定されている避難所のキャパシティだ。

先に紹介したＮＨＫによる長周期パルスの番組でも、避難所に押し寄せた人々が多すぎて場所や物資が足りなくなった様子が描かれていた。

私が取材した都心エリアのあるタワーマンションの管理組合理事長は、次のように語ってくれた。

「そもそも、東京都はタワーマンションの住民に避難所へ来てほしいとは考えていないはずです。むしろ来てもらっては困ると考えているのではないでしょうか。避難所は、耐震性能の弱い木造住宅や老朽マンションの住民のみの収容を想定しているとしか思えませんね。なぜなら、うちのマンションの住民だけでさえ、近隣の避難所には収容しきれないはずですから」

その理事長の想定には現実味がある。

例えば二〇一八年一一月時点で、中央区勝どきエリアで防災拠点に指定されている避難所は月島第二小学校と豊海小学校のみ。二つの小学校の平成三〇年度の児童数は計一三三七人。児童数の三倍の避難民を収容できるとしても、四〇〇〇名余りにしか過ぎない。

二〇一九年四月時点における住民基本台帳による勝どきエリアの人口は約二万八七〇〇人、世帯数は一万四七〇〇。小学校二カ所では、タワーマンションが林立する勝どきエリアの住民の一四パーセントしか収容できないはずだ。

では、タワーマンションの住民は大きな地震がやってきて電気も水道も遮断された時には、どうすればよいのか。もちろん、エレベーターは使えない。

先の理事長にそれを聞くと、以下のような答えが返ってきた。

「マンションの住戸内で自活するしかありません。うちでは各住戸で食料、水、ガスボンベ式コンロなどを備えるように呼びかけています。もちろん、エントランスホールや低層階にある共用部分は高齢者などの避難スペースとして想定しています」

前述したように、国も災害時の自宅内避難を推奨している。「自活」することは国の方針に沿うことでもあるが、これまで見てきたように、タワマンの高層階に住む場合、トイレが使えなくなれば、自宅内避難は不可能だ。にもかかわらず、避難所のキャパシティが現状のままでは、現場は大混乱となるだろう。

タワーマンションで火災が起きたらどうなるのか

二〇一七年の六月、イギリスのロンドンにあるタワーマンションで火災が発生したことは、序章でも述べた。非常に激しく燃えている映像を記憶している人も多いと思う。

繰り返しになるが、あのような火災は日本でも起きるとは考えにくい。

日本では建築物に対して建築基準法や消防法で厳しい火災対策が課されているので、火災が発生したとしても小規模で収束するようになっている。また、現に今までの事例でも、タワーマンションで発生した火災が激しく延焼した例はない。消防隊が駆けつけて、短時間で鎮火する場合がほとんどだ。

しかし、それは平時の話である。東京が直下型の大地震に襲われた場合はどうなるのか。

まず、阪神・淡路大震災の時のように地震による火災が同時多発的に発生するはずだ。特に木造住宅が密集している城東エリアではかなり深刻な事態になることが予測できる。消防隊のかなりの部分は、そういった方面での消火活動を優先するのではなかろうか。

これは私の勝手な予測だが、大地震によってタワーマンションで火災が発生しても、最初の数十分は発生場所の住民しか認知できないはずだ。なぜなら、そういった場合の火災の原因はほとんどが電気のショートから発生すると予測できるからだ。

仮に火災が発生した時、その住戸に人がいない場合は、ある程度燃えだすまでは誰も気が付かない可能性が高い。もちろん、火災報知器が作動すればセキュリティセンターには通報されるはずだ。しかし、そういう大きな地震の時にセキュリティセンターは通常通り機能するのだろうか。

また、そういったタワーマンションの火災が同時多発的に発生した場合はどうなるのか。想定通りスプリンクラーによって消火できてしまえば問題ないのだが……。

そういう時は往々にして想定外の事態が発生する。

最悪、マンションの外に避難する必要性が生じる可能性もある。その場合、停電していなければエレベーターが使える。しかし、火災の発生をタワーマンションの住民たちの多くが知った場合、エレベーターには人が殺到する。

エレベーターが使えないと、階段を降りることになる。避難階段は煙が上がってこない構造になっているが、そこにも人が殺到するはずだ。

健康な大人ならそれでも何とか降りていくことはできるだろうが、高齢者や障害のある人など階段を降りるのが困難な人はどうなるのだろう。

あるいは、パニックが起こって避難する人々が将棋倒しになったら……。

自力で階段を降りることが困難な人は、なるべく高層階には住まないようにすることが唯一の自衛策ではないだろうか。

繰り返されるマンション建設における不正と施工不良

二〇一八年一〇月、KYBという企業が二〇〇〇年三月から一八年九月までに製造して出荷した、地震の際に建物の揺れを抑える「免震用オイルダンパー」と「制振用オイルダンパー」で検査データが改竄されていたことが発覚した。その後の調査結果を合わせると、改竄の疑いのある免震・制振装置は全国で九九八件、計一万二三五三本に上るという。もちろん、この中にはマンションに使われていたものもある。

こういったダンパーを使って免震や制振の構造にしているマンションは、ほとんどがタワータイプだ。

この事件が発覚した直後、「週刊新潮」が一一月一日号に「公表されなかった『KYB被害マンション』59棟リスト」という記事を掲載。検査データが改竄された五九棟のマンションについて、その所在地町名までを明らかにした。

その時点で東京都江東区の有明には分譲マンションが建設中もあわせて一〇棟しかない

が、九棟がタワータイプ。そのうちの五棟で改竄のダンパーが使われていることが、この記事で明らかになった。

しかしKYBは、「震度6強から7程度の地震でも倒壊の恐れはない」と発表し、管轄する国交省も「安全性に問題はない」とのお墨付きを与えている。本当にそうだろうか。

国交省が同年一〇月一六日に発表した内容を読んでいくと、気になる箇所がある。「KYB（株）及びカヤバシステムマシナリー（株）への対応」という項目の三番目である。

［3］交換の迅速な実施

・大臣認定の内容に不適合の案件については、所有者等と調整の上、可及的速やかに交換を進めること。特に、東洋ゴム工業（株）による免震材料の不正事案に係る建築物については、東洋ゴム工業（株）等の関係者と連携を図り丁寧に対応すること。

（傍線筆者）

東洋ゴムの免震ゴム偽装事件が発覚したのは二〇一五年の三月一三日。東洋ゴムの子会社、東洋ゴム化工品が二〇〇四年七月から一五年二月に製造・出荷した免震ゴム（高減衰ゴム）について、計五五棟・二〇五二基が、国土交通大臣の認定する性能評価基準を満たしていない不適合な製品だったことが判明した事件だ。その後の調査でさらに九九棟にも対処が必要となった。

免震ゴムとは一般に、免震構造の建物に使われる免震装置の基幹を為す製品である。免震構造とは、地表下で建物全体を支える免震ゴムが、地震の時に揺れを吸収する仕組みである。その免震ゴムの性能が国土交通大臣の定める基準に達していないことが分かったのだから、常識的に考えてもかなり深刻な事態だった。

しかしこの事件も、データ不正があるなどの全一五四棟の免震ゴムを交換するという方針を打ち出すことで騒動は収束している。

KYBの時と同様、事件が発覚した後に東洋ゴムは「震度6強～7程度の地震でも倒壊の恐れはない」と発表して、国交省もこれを受け容れている。

幸い、その後震度6強の地震はなかった。

ただし、今回の免震・制振ダンパーのデータ改竄事件が発覚した時点ですべての交換を終えていたわけではない。だから国交省のリリースでは「特に、東洋ゴム工業（株）等の関係者との連携」という記述が登場したのだ。

ちなみに、この東洋ゴムの偽装事件の約半年後である二〇一五年一〇月には、旭化成建材という企業による「杭打《くいう》ちデータ偽装の発覚」という事件が起こり、大ニュースになった。

三井不動産レジデンシャルが販売し、二〇〇七年一一月に建物が完成していた「パークシティＬａＬａ横浜」（全七〇五戸、横浜市都筑区）で、建物を支える基礎杭が支持層（建物を支える固い地盤）に達していないことと、施工した際のデータが改竄されていたことに端を発する事件である。

その後の調査で、建物を支える基礎となる杭四七三本のうち、八本が必要な深さまで打たれておらず、重複を除く七〇本の施工データが改竄されていたことが判明。全四棟のうち三棟でデータが改竄された杭が使用されていた。

最初に気が付いたのはこのマンションの住人であった。住棟のつなぎ目が数センチずれているることを発見したのだ。売主に問い合わせると、ゼネコンなどが調査にやってきた。

「地震の影響でずれただけで、大勢に影響はありません」

最初はそういう回答だった。ただ、数センチとはいえ建物が傾いていることには違いはない。納得のできない住民が、施工時のデータと横浜市役所に保存されている周辺エリアのボウリング調査の図面とを照らし合わせると、明らかにおかしな点が見つかった。

そこでゼネコンが全面的に調査すると、データの偽造が判明したのだ。

動かぬ証拠を突き付けられた三井不動産レジデンシャルは、それまでの態度を一変させて陳謝に転じた。

結局、全棟の建て替えが決まった。建て替えの完成予定は二〇二〇年。工事費用は約二九九億、仮住まい費用約一〇七億、その他も含めて合計約四六〇億円がこの建て替えに要することとなった。この費用をどこがどう負担するのかについては、関係した企業によって法廷に争いが持ち込まれている。

実は、同時期にここから遠からぬ横浜市西区でも施工ミスによるマンションが傾く事件が大問題となっていた。

そのマンションとは、住友不動産が販売した「パークスクエア三ツ沢公園」（全二六二戸）。建物は二〇〇三年二月に完成。その直後から住民の一部が「建物が傾いている」と訴えていた。

結局、杭が支持基盤に達していないことや、施工過程で「スリーブ」と呼ばれる配管用の穴三一五カ所を開ける際に、誤って二三カ所で鉄筋を切断していた可能性があることが判明。二〇一四年六月に一棟で杭の深度不足と建物の傾きが確認されたことで横浜市は、建築基準法違反と判断した。

住友不動産は当初、傾いた一棟は建て替えを、深度不足の三棟は改修工事を住民側に提案していた。しかし、こちらの問題が発覚した後に三井不動産レジデンシャルの「パークシティＬａＬａ横浜」の杭未達事件が大きく報道された。

その後「ＬａＬａ横浜」が全棟建て替えとなったことで管理組合側も態度を硬化。結局こちらも全棟建て替えとなった。

すべては本当に地震がやってきた時に明らかになる

これらのマンションは、いずれもタワータイプではない。

私が知る限り、タワーマンションで構造上の施工不良が発覚したというケースはない。しかし、こういった施工不良の事件がメディアで報道されることは稀《まれ》である。多くの場合は売主や管理会社から「騒ぎすぎると資産価値に悪影響が出ます」と脅されて、内々に済ませてしまう場合がほとんどだ。

補修の費用も管理組合側が負担させられているケースが多いのではないか。

したがって、致命的な施工不良事件が発覚していないからといって「そういうことは起こっていない」と捉えるのは早計かもしれない。

東洋ゴムの免震ゴム偽装やKYBの免震・制振ダンパー偽装が、実際のところどのような被害をもたらすのかは、それこそ地震がやってこないと分からない。すべての製品が取り換えられる前に震度7の地震がやってきたらどうなるのだろう。

また、施工時には想定されていなかった長周期パルスに襲われたタワーマンションはどうなるのか。あるいは倒壊もあり得るのか。

鉄筋コンクリート造の建物が倒壊した場合、建物の内部にいる人々の命が助かるとは思えない。また、倒れてきた建物の下敷きになった人もまず助からない。

二〇〇一年九月一一日、アメリカで起きた同時多発テロで、ワールドトレードセンターが倒壊する映像を覚えておられる方も多いと思う。あの時、助かったのはほぼ倒壊前に逃げ延びた人々である。建物内にいた方が救出されたという奇跡的な例は、ほんのわずかだ。

大きな地震がやってきたとき、その悲劇がタワーマンションで繰り返されないとは限らないのだ。


しかし、こういう偽装事件が起こると、メーカー側は常に早い段階で「建物の倒壊までは心配しなくていい」的な発表を行い、国交省はそれを黙認している。そういった根拠の薄い発表で防げるのは、パニックだけではなかろうか。

また、偽装や施工不良は発覚したものだけがすべてだろうか。これだけ続けざまにこういった事件が発覚しているということは、水面下で処理しているケースもそれなりにあるはずだ。また、発覚していないデータ偽装や施工不良があってもおかしくはない。

結局、これらの偽装は納期優先、コスト軽減という現場へのプレッシャーによって生じている。そういう環境が改善されない限り、これからも似たような事件は起こるだろう。そして国土交通省は常に火消しに回るはずだ。

旭化成建材の杭データ偽装は、この会社だけではなく業界全体の悪《あ》しき慣習であったことさえ判明した。そして、その後、杭データの偽装が行われていたそれらの建物がどうなったのか、メディアは追いかけていない。事件発覚直後はニュース性があるので、毎日のようにメディアで取り上げられている。しかし、いつしか世間の関心も薄れて忘れ去られている。

ただ、メディアで報道されなくなったからといって、こういった問題がなくなったわけではない。そうしたマンションは誰にも知られることもないまま今もそびえ立っている。もしかしたら、それは自分が住んでいるタワーマンションかもしれないのだ。それでも実際に、調べようと思う人は少ないだろう。問題のあることが判明して公になれば、資産価値の低下につながるからだ。

今回の取材を通して、何度も居住者の「資産価値の低下」を気にする発言を聞いてきた。しかしそれを優先して失うものは「自らの命」かもしれないのだ。私には、問題の真の大きさを理解していないように見える。

第四章　タワーマンションで子育てをするリスク

タワマンに住むと心身の健康に支障をきたす?

日本で少しずつ高層マンションが建ち始めた頃、高層居住と心身のストレスの関係性を調べた研究者がいた。一九八一年、日本建築学会に発表された論文「超高層住宅居住者の住環境ストレスと健康2」の執筆者、渡辺圭子氏と山内宏太朗氏である。

そのまとめのところには、「住環境ストレス度と心身健康度はかなり高い相関関係を有する」とある。残念ながら、現在に至るまでそれに続く研究が見られない。これだけタワーマンションが急増した現代において、ますます必要な研究ではないだろうか?

実際に、私が不動産業者と話す中でも、ある一定の割合で、高層階に住み始めて体調を崩し、短期間で引っ越す人の話を聞く。

本章では、タワマン居住がもたらす健康への影響や子育て上のリスクを取り上げた。現在タワーマンションで子育てをしている人や、これから引っ越しを検討している人はぜひ読んでほしい。

タワーマンションで育つと近視になりやすい？

慶應義塾大学医学部眼科学教室の教授である坪田一男氏は『あなたのこども、そのままだと近視になります』（ディスカヴァー携書）という著書の中で次のように書いている。

オーストラリアとシンガポールでは、同じ中国系人種であっても高層マンションに住む子どものほうに明らかに近視が多いことが分かっています。

また、同書によれば、「数ある『近視のエビデンス』の中でも、唯一確かだとされているのが『外で遊ぶと近視になりにくい』というものです」とある。

医学博士の織田正昭氏の著書『高層マンション 子育ての危険』（メタモル出版）によると、集合住宅と一戸建て住宅に住む子どもの外遊び時間を比較すると、集合住宅で特に六階以上の高層に住む子どものほうが、一日あたり〇・六時間少ないことが分かる。こうしたことも、子どもの近視に何らかの影響を与えているのではないだろうか。

「二五階以上で生存率ゼロ」

このほかにも、カナダの医師会誌「CMAJ」に掲載された衝撃的な調査結果がある。心停止で病院に運び込まれた人のうち、生きて退院できた割合を調べたものだ。一〜二階の居住者が四・二パーセントだったのに対して、三階以上の住民では二・六パーセント。そのうち一六階以上の住民は〇・九パーセントであり、二五階以上になると、なんと〇パーセントであった。

心肺蘇生は一刻を争う。高層階ほど、救急隊員が駆け付けて病院に搬送するまでの時間が長くなってしまうことが影響しているのかもしれない。

この調査は、子育ての環境とは直接の影響はないかもしれないが、高層階ほど搬送に時間がかかることはデメリットとして挙げられるだろう。

タワマン育ちの子どもは「高所平気症」になる

高いところから落ちると、人は死ぬ。

これは当たり前の真実である。誰もが知っている、というか感覚として身に付けている。しかし、そうした感覚はもはや常識ではなくなりつつあるのかもしれない。

前述したように日本人が本格的に三階以上の階層があるマンションに住み始めたのは、概ね一九六〇年代以降である。その頃から、高層階から子どもが転落する事故が多発した。当たり前である。高いところに住む人が多くなれば、誤って落ちる人も出てくるだろう。

しかし、子どもの事故が多すぎることに気付いた人もいた。

一群の専門家たちが、そのことを具体的に調べた。

財団法人未来工学研究所は一九七一年に設立された文科省（現・内閣府）所管の研究機関である。彼らが一九八五年二月に行った調査によれば、高層集合住宅の小学生三四二人に対して行ったアンケートにおいて、四階以上に住む子の七割以上が「ベランダや窓から下を見ても怖くない」と回答したという。同研究所の資料情報室長（当時）であった佐久川日菜子氏が、こういう子どもの感覚を「高所平気症」と名付けた。

高所平気症は四歳頃までに高層階で育った子どもに多く見られるという。

「タワマンの子どもは成績が伸びない」

タワーマンション高層階に育つ子どもは成績が伸びないと話す教育の専門家もいる。プロ家庭教師集団「名門指導会」代表の西村則康氏だ。

彼は中学受験指導とプロ家庭教師の経験が四〇年以上。かつては都内の高級住宅地の家庭を訪れることが多かったが、ここ数年増えているのが都心のタワーマンションの上層階。はじめは、西村氏も「たまたま」だと思っていたそうだ。それが次第に「あれ？　なぜだろう」と思うようになったという。そして今は、「タワーマンションの上層階に暮らす子どもは、成績が伸びにくい」と、ほぼ確信するに至ったようだ。

タワーマンションの上層階に住むにはそれなりのコストがかかる。別の章で述べたように、タワマンの購入者にはニューカマーの成功者が多い。彼らは優秀であったからこそ、東京という大都会にやってきてそれなりの成功を収めたはずだ。

そして自らの努力によって得た成功を、自身の子どもにも望むのは当然だろう。学歴社会を生き抜くために教育への投資を惜しまないはずだ。それだけ熱心であれば、子どもも優秀である可能性が高い。

にもかかわらず、中学受験の専門家が「タワーマンションの上層階に暮らす子どもは、成績が伸びにくい」と確信に近いものを持った理由は何なのか。

西村氏は、それはタワーマンションに暮らす子どもは外に出たがらないからだと考える。以下、彼のインタビュー記事を引用する。

外に出るのが面倒な子は、世界が広がらない。小学生の学習には、イメージが不可欠だからだ。子供は自分が体験したことや見たものでないとイメージできない。イメージができないと頭の中に知識が入りにくいし、そもそも問題を理解できないこともある。だから、実体験の乏しい子は、成績が伸びにくい。（中略）小学校で学ぶ勉強も、中学受験の勉強も、学びの根底にあるのは「自然」と「生活」だ。小学生の学びにそこが欠けていると伸び悩む。成績の伸び悩みは、子供自身の能力よりも環境によるところが大きい。あまり表に出ない、子供をめぐる環境の実態を伝えていくのも、家庭教師の役目だと思っている。

（「タワマン上層階の子『成績は低迷』の理由」プレジデントオンライン、二〇一八年九月七日）

子どもが高層居住によって失うもの

「住宅総合研究財団研究論文集」（No.36、二〇〇九年）に「現代の子育て・子育ちからみた超高層居住に関する研究」という論文がある。副題は「乳幼児と学童期の子どもの成育環境から考察する」とある。筆頭著者は摂南大学工学部（現・理工学部）建築学科准教授（現・教授）の大谷由紀子氏。この中に興味深い記述があるので引用する。

首都圏の超高層マンションが急増する地区の保育所園長に子どもの発達に関する質問を行った。現段階では高層居住による影響は認識されていないが、「親の価値観に違いを感じる」「段差の経験が乏しい（フラットな住戸からエレベーター、ベビーカーを乗り継ぐ）」「バランス感覚が育ちにくい」「コンシェルジェがいるため自分でドアを開けない」などの印象が語られた。子ども全体には「高所を怖がる慎重派の子どもが圧倒的に多い」「生き物の飼育を面倒がる子が増えた」「住んでいるマンションで経済格差が分かる、子どもの間でもそのような会話がある」（傍点筆者）などの所見が示された。また、「子どもが土に触り、空を見上げ、木の実を採る唯一の場所としても園庭は何よりも重要」であり、マンション下の保育施設に園庭の必要が強調された。

「高所を怖がる」との記述は前述の「高所平気症」の所見とは異なるものの、生活体験の乏しさは西村氏の観測と一致している。

自然に触れて伸び伸びと育てば普通に理解でき、身に付けられる人間としての基本的な感覚を、タワーマンションの上層階で育つことで失ってしまっているとしたら、それは至極残念なことである。

階層ヒエラルキーはあるのか？

加えてこの論文で見逃せないのは、「住んでいるマンションで経済格差が分かる、子どもの間でもそのような会話がある」という部分だ。これは巷《ちまた》でいわれる「階層ヒエラルキー」だ。子ども同士でそのような会話がなされているとしたら、そこで育つ子の心の発達に問題がないか心配になる。

例えば、ニューカマーたちが成功の証としてタワーマンションを購入して住んでいるとすれば、彼らはそれなりの階層意識を持っていたとしても不思議ではないかもしれない。一部に「階層ヒエラルキーなんてあり得ない」と主張する人もいる。特に買って住んでいる人からすると、そういうものがあって自分たちは見栄っ張りだと思われていることに我慢がならないのかもしれない。

しかし、存在するかしないか、といわれれば、それは確実に「ある」。

私の知り合いに、東京の湾岸エリアで子ども向けに英会話教室を経営しているご夫妻がいる。ご主人は英語のネイティブスピーカーだ。奥様は日本人。

彼らの教室の生徒さんは、当然の如《ごと》くタワーマンション住民の子どもたちが中心だ。小さな子どもにはお母さんがレッスンに付いてくるので、そこにコミュニティが生まれる。ご主人が英会話を教えている傍《そば》で、奥さん先生はお母さんたちと世間話をする機会が多い。

二〇一六年に「砂の塔」というテレビドラマが放映されて、タワマンの階層ヒエラルキーに世間の注目が集まった時に、私は彼らに「タワーマンションで階数を気にする人なんて、本当にいるのですか」と聞いてみた。

彼らの答えは「いっぱいいる。というか、ほとんどのお母さんがそのことを気にしている」というものだった。中には、それでノイローゼになって引っ越した人もいるそうだ。

さらに、最初は一五階くらいに引っ越してきたが、階層ヒエラルキーが気になり出して、二四階、四二階と「上り詰めた」人もいるらしい。

その英会話教室を営むご夫妻も、すでに十数年にわたって同じエリアのタワーマンションに住んでいる。半ば呆《あき》れ顔にこういった。

「いやあ、みなさんものすごく意識されています。だから、私たちはその話題をなるべく避けています」

子どもの心を蝕《むしば》む階層意識

週刊誌「ＳＰＡ！」では二〇一八年の五月一五日号で「タワマンの悲劇」という特集を組んだ。私も取材協力したので掲載誌が送られてきた。読んでみると、呆れかえるようなエピソードがいくつも紹介されていた。少しだけ引用したい。

江東区有明の新築タワマンに2年前に引っ越したばかりの大野友恵さん（仮名・29歳／主婦）は、住民同士の見栄の張り合いで疲弊している。

「ウチの場合、20人くらい同世代の奥様たちが参加するLINEのグループがあるのですが、そこでたびたびランチ会が企画される。どこのお店がいいか、案を出し合うのですが、みんな貧乏くさいと思われたくないので、高い店ばかり提案する。結局、行先はお台場のヒルトンやニッコーホテル、ベイコートクラブなど2000円以上するホテルランチになる。互いに無理をしていることはわかっているのに、誰も『サイゼリヤでいいじゃん』とは言えない」

かくいう大野さんだが、十分にタワマン社会に毒されているという。大野さんの夫（32歳）の証言。

「（略）彼女は豊洲の高級スーパーのアオキに行くといつも袋を余分にもらう。普段、買い物をしている庶民スーパーの文化堂の袋で空き瓶や缶を捨てると、格好がつかないというんですよ……」

タワマン社会の不毛な見栄の張り合いは、子供の心を蝕んでいる。武蔵小杉在住6年の岡田昭三さん（仮名・44歳／会社員）の話。

「5歳になるウチの子が、保育園の複数の友達に対して『○○くんの家って何階？』と聞いていた。そして、自分よりも低層に住んでいる子には『ウチは23階！』と勝ち誇ったような顔をし、逆に自分より高層だと『すごい……』と白旗をあげていた。このままここで子育てをしていいのかと、思い悩むようになりました」

何ともすさまじい話である。

人によっては「週刊誌だから作り話じゃないか」と考えるかもしれない。しかし、私は日常的に多種類の週刊誌に取材協力しているが、彼らは裏の取れない話は決して書かない。そのあたりは驚くほど手堅い。

もし、タワーマンションには見栄っ張りが集まりやすいならば、子どもの教育環境にはよくないと言わざるを得ない。見栄を張ることに情熱を傾けることができる人にはよいかもしれないが、それを苦痛に感じる人にとっては日常のストレスは相当なものになるはずだ。

上層階に住むことがステイタスであるかのような価値観は、偏ったものではないだろうか。かといって、そういう価値観を法律で禁止することはできない。日本の分譲マンションは階数が高くなるほど新築時の販売価格が高く設定される。中古マンションとしての資産価値も高く評価される。これが階層ヒエラルキーの形成に一役買っていることは間違いないだろう。

「階数が高い＝購入金額が高い＝社会的ステイタスが高い」と捉えることが普通になり、お金持ちが偉いという殺伐とした価値観につながる。こうした価値観がはびこるタワマンでは、少なくとも子どもを育てることは考えものという気がするが……。

そもそも日本人が本格的に三階以上の高さに住み始めたのは、何度も言うようにたかだかこ六〇年程度のことである。階数の高いところに住んでいるから偉い、などという感覚は一部の見栄っ張りな方々だけのものではないか。
日本人のうち何割かがその不健全さに目を向ければ、こうした階層ヒエラルキーをめぐる悲劇はなくなるはずだ。

タワマンは「人間の業」を象徴

第一章で紹介したように、本書の執筆のためさまざまな市民団体へ取材に行ったが、その中で印象的な発言があった。

「(活動をしていると)何か、人間の業と闘っているような感じがしますね」

本書の冒頭に示した旧約聖書・創世記における「バベルの塔」の挿話が、その方のおっしゃる「人間の業」を象徴している。
神の目が届かないところで人間が道徳などを脇に置き、好きなようにやってもよいと勘違いして、高い建物を建てようとしたのが「バベルの塔」。まさに「人間の業」だ。

ふと冷静になって高い塔を見つめると、その醜悪さのほうが際立ってくる。日本人がせっせと作っているタワーマンションとは、人間の業を象徴したバベルの塔のようなものではないのだろうか。

人間の業を象徴しているからこそ、そこに喜んで住む人々は妙な見栄の張り合いを行い、狭い社会のヒエラルキーを形成し、それについて俗な喜びや悲しみに心を弄《もてあそ》ばれてしまっているように思える。

高いところに住んでいるほど偉い、という感覚は傍から見ると滑稽であるばかりでなく痛々しくさえある。しかし、そういう感覚が存在して、さまざまな悲喜劇を生み出していることも、動かしがたい事実なのだ。

親にとっては成功の証であるタワーマンションも、実のところ子どもが生活する環境としては不向きなのかもしれない。そこで失われているものの大きさを、我々は低く見積もりすぎているのではないだろうか。

ヨーロッパの国では高層階での子育てをしないよう指導

現在、ヨーロッパでは高層階での子育てに対しては懐疑的という見方を超えて、子どものいる家族は五階以上に住まないように指導している国もある。序章に示したオランダでのアンケートの結果でもあった通り、一般的なヨーロッパ人にとって高層階での子育ては常識的に「あり得ない」という域に達していると思われる。

このことは拙著『新築マンションは買ってはいけない!!』（洋泉社）でも示したことだ。重複の誹《そし》りを恐れずに、その一部を再度ここで述べたい。

イギリスやEU加盟国では、一九九一年以降にほとんど高層住宅が建設されていない。なぜだろう。

その理由のひとつとして、一九六〇年代から七〇年代にかけてイギリスで行われたいくつかの研究が考えられる。

代表的なものとしては、パール・ジェフコット氏が一九六六年にスコットランドのグラスゴーで行った大規模な研究がある。この成果は、『Homes in high flats』という書籍にまとめられた。

その中でジェフコット氏は以下のように述べている。

「就学前の子どものいる家族は高層階に住むべきではない。もし住まざるを得ないのであれば、密集した中心的な地域からできるだけ離れた郊外を選ばなければならない」

イギリスでは、一九七〇年代までの高層住宅はほぼ公営だった。そして政府は公営住宅環境の密度の上限を設定。高層住宅に不利な運営基準を決定したことで、イギリスの高層住宅ブームは終わる。一九七五年以降は、高層住宅の建設はほぼ皆無といっていい状態だった。

その後、一九七九年に誕生したサッチャー政権は四七五〇棟以上あった公営住宅を住居者に払い下げる政策に転換。ところが、高層住宅はいたって不人気だったという。人気があるのは一、二階の接地階住戸だったとか。

サッチャー政権以降、高層階住宅が作られるケースはあったが、それは再開発地区などと限定的。富裕層やビジネスマンの住まいとして想定されている。

イギリス人は基本的に、高層住宅が子どもを育てるにふさわしい住まいの形態とは考えていないようだ。

もう一つ、先に紹介した織田正昭氏の『高層マンション 子育ての危険』の中に、「海外における高層住宅の考え方と現状」という項目がある。そのなかの「スウェーデン」の項目に興味深い記述がある。長くなるが引用しておく。

すでに今から40年近くも前（今から半世紀前・筆者注）、北欧のスウェーデンのファニング（Fanning）という研究者は、高層住宅に住む家族の健康問題を調査し、高層群には呼吸器疾患が多いことを、子をもつ高層階の母親にはノイローゼが多いなど、高層居住は子どもにとっても母親にとっても、心身の健康上良くないと報告しています。

そこで論じられた高層住宅は、今のように20階、30階というものではなく、たった3、4階程度の高さなのです。この研究は、当時高層住宅建設に向かいつつあったスウェーデン社会に一石を投じ、マスコミのキャンペーンに支えられて結局、住居の高層化にストップがかかり、スウェーデンでは以後高層住宅はまったく建てられなくなりました。もっともこの研究に対しては、その後反論的な研究も出されましたが、子どもの健康を高層居住と関連させた先駆的研究として極めて注目されるものです。

このスウェーデンの住宅政策は、多少の濃淡はあるにしろヨーロッパの一般的な傾向だと考えて間違いなさそうである。

あのアメリカにおいてさえ、都心のタワーマンションは多忙な人間が便宜的に住むための住宅で、子育てを行うファミリーは郊外のゆったりした庭つきの住宅に住むのが自然だ、という価値観が息づいている。このことは次章でも少し述べる。

国内では公衆衛生学の研究者である逢坂《おうさか》文夫氏の研究が知られている。高層階に住んでいるほど妊婦の流産率が高くなる、という研究結果は今でもさまざまな機会に多様な媒体で取り上げられている。だから、ここでは「流産率が高くなる」という以外の研究を示したい。

- 高層階ほど母親が神経症になりやすい
- 高層階ほど少子化になる（出生数が少ない）
- 高層階ほど子どもは体力が伸びない
- 高層階ほど母親が高血圧になる

以上のような主旨の結果が報告されているのである（『コワ〜い高層マンションの話』）。これは先に行われていたスウェーデンでの調査や研究を裏付ける結果となっている。

高層階に住むことは、特に女性にとって健康に対するリスクを背負う確率が高くなる、ということではないか。

五〇年後、あるいは早ければ二〇年後には我々が今行っているタワーマンションの大量建設という行為は、「負の歴史」になるかもしれない。

我々はもしかしたら、壮大な過ちを犯している可能性があるのだ。

終章　それでもタワーマンションに住みますか？

日本人がタワーマンションを喜ぶことの不思議

これまで述べてきた通り、そもそもほとんどの日本人は約半世紀前まで木造の一戸建てに住むのが当たり前だった。ところが鉄筋コンクリート造という建設手法が広範囲に広まることによって、都市の住民はマンションに住むのが当たり前になった。

さらには、建築技術の進歩や規制の緩和によってタワーマンションと呼ばれる超高層の集合住宅が急速に増殖した。

タワーマンションを建設して分譲することでデベロッパーは多大なる利益を得られる。自治体は住民が流入し固定資産が築かれることで税収を増やせる。また、投資目的にそれを購入して喜ぶ人々もいる。一見、いいことずくめである。

しかし、それで本当によいのだろうか。

スーパーゼネコンの竹中工務店が作成した「竹中技術研究報告」という冊子がある。この冊子の第47号（一九九二年一一月）に「海外の超高層住宅の実態と居住者意識―その3

米国―」という論文がある。
この中でアメリカの超高層住宅の住人にインタビューを行った内容がまとめられている。その「居住実態」から引用する。

今回のインタビューの調査対象居住者の属性について見ると、家族世帯が少なく、単身者や、夫婦のみの世帯が多い事がわかる。その要因として、インタビューでは、子供に対する教育の問題や環境等があげられている。つまり、子供を育てるには、都心部は良好な環境とは言えないという認識が一般的であり、ライフステージによる都心と郊外の住分けが行われ、その結果都心では家族世帯の数が少ないという現象が形成されている。

都心部の超高層住宅の適合層としては、①青年単身世帯（チャンスハンター）、②老人単身世帯、③子供のいない夫婦世帯（DINKS）、④子供が独立した夫婦世帯（エンプティネスター）等があげられる。

ここから読み取れるのは、子どもがいる世帯は、高層マンションを積極的に選択してはいないということだ。アメリカ人も超高層住宅で子育てをすることに対しては抵抗感を持っているのではないか。

ハリウッド映画に出てくる、アメリカ人の子育て家庭はたいていが郊外の一戸建てに住んでいる。忙しいビジネスマンのお父さんは、子どもの野球やフットボールの試合を見に行ってやれなくて、いつも謝っている。

ニューヨークの超高層住宅に住んでティーンエイジャー以下の子どもを育てている家族など、映画でもテレビドラマでも見たことがない。多分、そういう子育てはアメリカ人にとってリアリティがないのだろう。

序章で紹介したイギリス紳士二名に取材した時に、彼らの一人がこう言った。

「ロンドンの高層住宅に住んでいたとしても、子どもができたら郊外のカントリーハウスに引っ越すだろう」

——通勤時間が長くなりませんか？

「当然長くなる。片道一時間くらいはかかるだろうね」

――それはご負担にはなりませんか？

「負担にはなるさ。でも子どもを育てるためには当然だろう？」

彼は「どうしてそんな当たり前の質問をするのか？」という感じだった。


日本では、タワーマンションで子育てをすることを躊躇しない人が多い。都心や湾岸のタワーマンションで小さな子どもを見かけることは、当たり前の光景だ。そのことについて、親は「子どもに対して申し訳ない」という感情よりも、「（大人にとって）どこに行くのにも近くて、欲しいものがすぐに手に入って便利」という気持ちのほうが強いのではないか。

そういう日本人の感覚からすると、「通勤時間が負担ではないのか」という質問がつい出てしまったのだが、イギリスの人々からすると「子育てのために郊外に住むのは当たり前」なのだろう。

少なくとも、女性と子どもはタワーマンションを避けるべき

本書で論じてきた通り、女性にとってタワーマンションに住むことは、さまざまな健康リスクがありそうだ。

また、子どもは高所平気症、そして成績の伸び悩みや近視の可能性などの生育上のリスクを背負うことになるかもしれない。さらにいえば階層ヒエラルキーという実に不健全な価値観にさらされる可能性もある。

確かに、ここで紹介してきた論文や証言だけで、それを断言するのは難しいだろう。しかし、タワーマンションは現在進行形の住形態だ。新たに供給される新築マンションの四戸に一戸がタワマンの時代に、そこに住むことは、それほど珍しいものではなくなっている。それだけに確定的な影響があると判断された時点では、手遅れになる可能性が高いのではないか。危ないかもしれないからやめておこうというのが賢明な判断ではないだろうか。少なくとも、影響が指摘されている女性と子どもについては、早めの対応が必要だと考える。特にファミリー世帯にとっては、タワマンは住居としてふさわしくないといわざ

るを得ない。

イギリスでは五階以下で子どもを育てるように指導されている。一方、日本は五〇階でも六〇階でも、何の制限もなく子どもを育てることができる。

日本人も、そろそろタワーマンションに対する信仰や安易な憧れから脱却する時なのではないか。

すべてのマンションは、いつか廃墟になる

頑丈な鉄筋コンクリートで作られたマンションとはいえ、いつかは老朽化して人が住めなくなる。

「ヨーロッパの住宅は何百年も人が住んでいるではないか」

そのように反論する人もいるだろう。しかし、そこには大きな誤解がある。

確かにパリには築二〇〇年などというアパートが珍しくない。ただ、そういった建物は石造りか、レンガ造りだ。石やレンガは何百年も同じ姿のままだ。

日本では石造りやレンガ造りの建物はあり得ない。なぜなら、それらは地震で壊れやすいからだ。

大阪北部地震で、女児が倒れてきたブロック塀の下敷きになって亡くなったが、ブロックをただ積み上げただけの構造なら、震度5程度でも崩れてしまう。そして、日本では震度5程度の地震がさほど珍しくはなくなっている。

だから、この国ではより頑丈な鉄筋コンクリートで集合住宅を建設する。ところが、これは鉄とコンクリートでできている。この二つの物質は経年変化する。鉄は錆《さ》びる。コンクリートは中性化（＝劣化）する。

それでも鉄筋コンクリート造のマンションは、施工不良でもない限り一〇〇年程度は保《も》つだろう。しかし、それ以後は分からない。実際のところ、鉄筋コンクリートの建物が大量に建ち始めたのはここ一〇〇年ほどで、それ以上経過するとどうなるのかが実証できていない。

鉄筋コンクリート造の建物が、どれほどの年数使用に耐え得るかについては、諸説ある。古いところでは大蔵省の主税局が一九五一年に出した「固定資産の耐用年数の算定方式」

によると一二〇～一五〇年。これは法定の耐用年数が過ぎても固定資産税を課税し続けるための都合も加味されているようだ。

飯塚裕氏が一九七九年に出された『建物の維持管理』（鹿島出版会）という著書では一一七年。早稲田大学教授の小松幸夫氏が二〇一三年に発表された「建物の平均寿命実態調査」という論文では六八年とされている。

いずれにしても長くて一〇〇年から一五〇年といったところが鉄筋コンクリート造の寿命であろう。

と考えれば、すべてのマンションはいつか人が住めなくなる。そのあたりのことは拙著『すべてのマンションは廃墟になる』（イースト新書）で詳しく書いているが、その時は取り壊しが必要になる。しかし、それには区分所有者全体の少なくとも五分の四以上の同意が必要だ。一〇〇年も経ったマンションで、そういった同意は形成されるだろうか。

さらに、マンションの区分所有者が多ければ多いほど、そういう合意形成は難しい。江東区の有明に誕生するシティタワーズ東京ベイは一五三九戸の規模だ。一〇〇年後に取り壊すには少なくとも一二三二戸の同意が必要、ということになる。

普通に考えれば、それは不可能に近い。だから、今の法制度を変更しない限り、月島や有明など東京湾岸エリアの一〇〇年後は巨大な廃墟が林立する街に変わってしまうだろう。

すでにタワーマンションは必要とされていない

二〇一九年に公表された総務省の住宅・土地統計調査によると、日本全国の空き家率は一三・六パーセントであった。

繰り返しになるが、この国では、すでに量としての住宅は充たされている。

自宅や勤務先のまわりを見渡していただきたい。空き家になっている住宅をすぐに見つけることができるはずだ。

東京の都心でも、竣工したタワーマンションに空き家が目立つ。特に都心や湾岸エリアのタワーマンションを夜の一〇時頃に見てみると、半分くらいの住戸に明かりがともっていないケースなどザラにある。明かりがともっていない住戸がすべて空き家だとはいわない。しかし、それでもそのうちの何割かは必ず空き家である。

東京の都心や湾岸エリアでタワーマンションが竣工すると、その直後には必ずといっていいほど「新築未入居」の売り出し物件が大量に流通市場に出てくる。値上がり期待で購入された住戸が、竣工直後から売り出されるのだ。当然、人は住んでいない。

二〇一三年に始まった異次元金融緩和は、一四年一〇月の第二弾を経て東京都心に不動産の局地バブルをもたらした。都心や湾岸エリアでは説明できないレベルにまでマンションが値上がりしたのだ。

東京と大阪の都心や湾岸エリアで販売される新築タワーマンションを見ていると、値上がりを当て込んだ購入が目立った。あるいは二〇一五年の一月から施行された相続税の控除減額をきっかけにしたタワーマンション上層階への購買行動が目立った。一五年と一六年には外国人による爆買いも見られた。

そういった、「住む」という目的以外で購入されたタワーマンション住戸は、必然的に空き家になる。一時期は民泊にも使われたが、現在はそれも見られなくなった。ただの空き家だ。

そういった住戸は、すでに流通市場で売り出されているか、いずれ売り出される。東京でも大阪でも都心や湾岸の築浅タワーマンションは、常に供給過剰になっている。景気がよいと値崩れしないが、不況期になると売り急ぐ住戸も出てくる。市場価格が暴落する危険性を常にはらんでいるといっていい。

そもそも、日本全体で見ても新築マンションを作る必要はなくなっている。量としての住宅数は十分に足りているのだ。正確には、足りているというより、余っているのだ。

そういう状況にあるのに、これ以上タワーマンションを建設する必要は何もない。そこにあるのはデベロッパーや自治体の浅はかな思惑だけだ。

タワマン建設という愚行に終止符を

私は不動産業界に近しいところで日々の業務を行っている。仕事で会う人間の何割かは不動産業界のインサイダーだ。

先にも紹介した通り、私が親しくしている彼らの中に、タワーマンションに住んでいる人間は一人もいない。かつてタワマンに住んでいたが、今は売却して低層マンションに移り住んだ人間なら、一人だけいる。逆にいえば、たった一人しかいない。

時々、タワーマンションに住んでいる人が私のところに相談にやってくることもある。

彼らは概ね自分の住むマンションに肯定的だ。高いお金を払って購入したり、あるいは高額な賃料を払っている自分の住まいに対して、否定的な見解は持ちにくい。

しかし、そういう彼らが何かの理由で引っ越してタワマン以外の住まいに移ると、突然様子が変わる。前に住んでいたタワマンについて否定的な話を聞かせてくれる。

人間とは、自分の見たいものしか見ない。知りたいことしか知ろうとしないのかもしれない。


本書を書きながら、私はつくづく考えた。

私たちはもしかしたら、とんでもない愚行をしでかしているのかもしれない。

鉄筋コンクリート造のマンションという集合住宅が現れた時、多くの日本人は狂喜乱舞した。従来の吹けば飛ぶような木造住宅に比べて、鉄筋コンクリートは見るからに頑丈だ。少々大きな声で話しても、隣戸の住人に聞こえることはない。雨風が防げるのはもちろん、暖房さえあれば冬も暖かく過ごせる。エアコンを取りつければ、夏も涼しい。

そのマンションが「三五年ローン」という手法を使えば、月々、家賃と同程度の負担で購入できる。

そういう現実が目の前に出てきた時、多くの日本人はマンションの購入を決断した。

そして、次にはそのマンションが三〇階や四〇階、あるいは五〇階以上の超高層のそびえ立つ建物になって現れた。高層階から見渡す景色は、素晴らしい。

「こういう景色を毎日眺めて暮らせる」

多くの日本人にとって、それは夢のような暮らしであったことだろう。

そういうタワーマンションが、自分の収入の範囲で購入できる。そういう現実に多くの人は飛びついたのだ。

その結果、東京や大阪、名古屋といった大都市の中心部にはタワーマンションが林立した。大都市だけではない。その郊外や地方にまでも、タワーマンションが続々と建設された。

その間、多くの日本人は何かを忘れ去ったのではないだろうか。あるいは、見たくない現実として、見て見ぬフリをしているのではないだろうか。

そもそも、人間は地上から遠く離れた高所に住む動物ではなかった。ましてそこで子育てするなんてことは考えられなかっただろう。

毎日、一〇〇メートル以上の高低差を高速で何回も移動しながら育った子どもに何らかの健康上の影響はないのだろうか。我々はこうしたことも経験値として持たないのである。言い換えれば、今は壮大な実験中といってもいいのかもしれない。

かつてヨーロッパ人たちは、高層階で子どもを育てることに疑問を持った。そこからいくつかの研究がなされ、「高層階で子どもを育てるべきではない」というきっぱりとした結論が導かれた。

日本でも「高層階での子育て」が、いったいどういう影響をもたらすのか、本格的に研究すべき時ではないか。たとえ、その結果、不動産業や住宅産業、建設業、あるいは国土交通省や厚生労働省にとって不都合な真実が浮かび上がることになっても、それは日本人の健やかな未来にとって不可欠である。

おわりに

私は京都市の左京区、吉田山の麓に生まれ育った。吉田山は山というよりも丘みたいなものだ。標高は一〇三メートル。京都市内の平らなところで標高は五〇メートルほどなので、吉田山の頂上との差は約五〇メートルということになる。

しかし今でも、吉田山に登ると京都市内の半分くらいは見渡せる。京都市という街はそういうところだ。タワーマンションは一つもない。

市内の中心部で高層建築の話が持ち上がると、必ず反対の声が上がる。京都市民は、高層建築にアレルギー反応を示すのだ。私は、そういう京都に生まれ、育った。

京都を出て、タワーマンションというものに初めて接した時、私なりに納得しようと思った。

「この街の土地には限りがあるのだから、こういう住宅も必要なのだろう」

しかし、そのうち私の心の中にはじわじわと疑念が広がっていった。タワーマンションの高層階に住むことで優越感を抱く人がいると知った時、何とも居心地の悪さを感じた。価値観が異なる人がいるのは仕方がない。タワーマンションを喜ぶ人もいれば、好きになれない人もいる。

見渡せば、不動産業界は基本的にタワーマンションを肯定的に捉えている。金儲けのタネなのだから、それは当然だ。

しかし、それとは裏腹に業界内の人は、自らの住まいにタワーマンションを選んでいない。もちろん、根っからの東京人にもそういう人は多くない。今回の取材で話を聞いた人の中に、東京の一等地に先祖代々住んでいる人がいた。その人は、「仕事で知り合う人の中で、高層階に住んでいる人を見ると、虚栄心が強い方なのかなと思う」と打ち明けてくれた。序章でも書いたが、デベロッパー側もマーケティングの観点から、そのようにタワマン購入者のことを見なしている。すべての人がそう捉えるわけではないだろうが、高層階居住者は少なからず、そのような目で見られているのかもしれない。

私が不動産業界やマンションについて言論活動を始めたのは二〇〇八年頃だった。その当時、タワーマンションに対して礼賛以外の言動をしている人はほとんどいなかった。

そこで私は、タワーマンションを必要悪であるという観点から論じた。

以来、タワーマンションについて私なりに調べ、考えた。その中身をまとめたものが本書である。

最後に、私が「タワーマンションについて書きたい」という意向を漏らした時に、全面的に賛同してくださり、さまざまな取材を手配し、資料を集め、大いなる力を与えてくださった担当編集者への感謝を惜しまないことを記しておきたい。

図版作成／クリエイティブメッセンジャー

榊 淳司（さかき あつし）

住宅ジャーナリスト。一九六二年、京都府生まれ。同志社大学法学部および慶應義塾大学文学部卒業。一九八〇年代後半から三〇年以上、マンションの広告・販売戦略立案に携わる。その経験を生かし、購入者側の視点に立ちながら、日々取材を重ねている。著書に、『マンションは日本人を幸せにするか』（集英社新書）、『マンション格差』（講談社現代新書）、『すべてのマンションは廃墟になる』（イースト新書）など。

限《げん》界《かい》のタワーマンション

集英社新書〇九七九B

二〇一九年六月二二日 第一刷発行

著者……榊《さかき》 淳司《あつし》

発行者……茨木政彦

発行所……株式会社集英社

東京都千代田区一ツ橋二-五-一〇 郵便番号一〇一-八〇五〇

電話 〇三-三二三〇-六三九一（編集部）
〇三-三二三〇-六〇八〇（読者係）
〇三-三二三〇-六三九三（販売部）書店専用

装幀……原 研哉

印刷所……大日本印刷株式会社 凸版印刷株式会社

製本所……加藤製本株式会社

定価はカバーに表示してあります。

ISBN 978-4-08-721079-8 C0236

Printed in Japan

a pilot of wisdom

社会――B

「知」の挑戦 本と新聞の大学Ⅰ　一色 清／姜尚中ほか
「知」の挑戦 本と新聞の大学Ⅱ　一色 清／姜尚中ほか
東海・東南海・南海 巨大連動地震　高嶋哲夫
千曲川ワインバレー 新しい農業への視点　玉村豊男
教養の力 東大駒場で学ぶこと　斎藤兆史
消されゆくチベット　渡辺一枝
爆笑問題と考える いじめという怪物　太田 光／NHK「探検バクモン」取材班
部長、その恋愛はセクハラです！　牟田和恵
モバイルハウス 三万円で家をつくる　坂口恭平
東海村・村長の「脱原発」論　村上達也／神保哲生
「助けて」と言える国へ　奥田知志／茂木健一郎
わるいやつら　宇都宮健児
ルポ「中国製品」の闇　鈴木譲仁
スポーツの品格　桑田真澄／佐山和夫
ザ・タイガース 世界はボクらを待っていた　磯前順一
ミツバチ大量死は警告する　岡田幹治
本当に役に立つ「汚染地図」　沢野伸浩
「闇学」入門　中野 純
100年後の人々へ　小出裕章
リニア新幹線 巨大プロジェクトの「真実」　橋山禮治郎
人間って何ですか？　夢枕 獏ほか
東アジアの危機「本と新聞の大学」講義録　一色 清／姜尚中ほか
不敵のジャーナリスト 筑紫哲也の流儀と思想　佐高 信
騒乱、混乱、波乱！ ありえない中国　小林史憲
なぜか結果を出す人の理由　野村克也
イスラム戦争 中東崩壊と欧米の敗北　内藤正典
沖縄の米軍基地「県外移設」を考える　高橋哲哉
日本の大問題「10年後を考える」――「本と新聞の大学」講義録　一色 清／姜尚中ほか
原発訴訟が社会を変える　河合弘之
奇跡の村 地方は「人」で再生する　相川俊英
日本の犬猫は幸せか 動物保護施設アークの25年　エリザベス・オリバー
おとなの始末　落合恵子
性のタブーのない日本　橋本 治

ジャーナリストはなぜ「戦場」へ行くのか ——取材現場からの自己検証　危険地報道を考えるジャーナリストの会・編
医療再生 日本とアメリカの現場から　大木隆生
ブームをつくる 人がみずから動く仕組み　殿村美樹
「18歳選挙権」で社会はどう変わるか　林大介
3・11後の叛乱 反原連・しばき隊・SEALDs　笠井潔／野間易通
「戦後80年」はあるのか ——「本と新聞の大学」講義録　一色清／姜尚中ほか
非モテの品格 男にとって「弱さ」とは何か　杉田俊介
「イスラム国」はテロの元凶ではない グローバル・ジハードという幻想　川上泰徳
日本人 失格　田村淳
たとえ世界が終わっても その先の日本を生きる君たちへ　橋本治
あなたの隣の放射能汚染ゴミ　まさのあつこ
マンションは日本人を幸せにするか　榊淳司
敗者の想像力　加藤典洋
人間の居場所　田原牧
いとも優雅な意地悪の教本　橋本治
世界のタブー　阿門禮
明治維新150年を考える ——「本と新聞の大学」講義録　一色清／姜尚中ほか

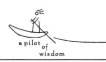

「富士そば」は、なぜアルバイトにボーナスを出すのか　丹道夫
男と女の理不尽な愉しみ　林真理子／壇蜜
欲望する「ことば」「社会記号」とマーケティング　嶋浩一郎／松井剛
ぼくたちはこの国をこんなふうに愛することに決めた　高橋源一郎
ペンの力　浅田次郎／吉岡忍
「東北のハワイ」は、なぜV字回復したのか スパリゾートハワイアンズの奇跡　清水一利
村の酒屋を復活させる 田沢ワイン村の挑戦　玉村豊男
デジタル・ポピュリズム 操作される世論と民主主義　福田直子
戦後と災後の間 ——溶融するメディアと社会　吉見俊哉
「定年後」はお寺が居場所　星野哲
ルポ 漂流する民主主義　真鍋弘樹
ルポ ひきこもり未満　池上正樹
中国人のこころ 「ことば」からみる思考と感覚　小野秀樹
わかりやすさの罠 池上流「知る力」の鍛え方　池上彰
メディアは誰のものか ——「本と新聞の大学」講義録　一色清／姜尚中ほか
京大的アホがなぜ必要か　酒井敏
天井のない監獄 ガザの声を聴け！　清田明宏

a pilot of wisdom

集英社新書　好評既刊

京大的アホがなぜ必要か カオスな世界の生存戦略
酒井 敏　0970-B
「変人講座」が大反響を呼んだ京大教授が、最先端理論から導き出した驚きの哲学を披瀝する。

マラッカ海峡物語 ペナン島に見る多民族共生の歴史
重松伸司　0971-D
マラッカ海域北端に浮かぶペナン島の歴史から、多民族共存の展望と希望を提示した「マラッカ海峡」史。

アイヌ文化で読み解く「ゴールデンカムイ」
中川 裕　0972-D
アイヌ語・アイヌ文化研究の第一人者が贈る最高の入門書にして、大人気漫画の唯一の公式解説本。

善く死ぬための身体論
内田 樹／成瀬雅春　0973-C
むやみに恐れず、生の充実を促すことで善き死を迎えるためのヒントを、身体のプロが縦横無尽に語り合う。

世界が変わる「視点」の見つけ方 未踏領域のデザイン戦略
佐藤可士和　0974-C
すべての人が活用できる「デザインの力」とは？　慶應SFCでの画期的な授業を書籍化。

始皇帝 中華統一の思想 『キングダム』で解く中国大陸の謎
渡邉義浩　0975-D
『キングダム』を道標に、秦が採用した「法家」の思想と統治ノウハウを縦横に解説する。

天井のない監獄 ガザの声を聴け！
清田明宏　0976-B
米国の拠出金打ち切りも記憶に新しいかの地から、UNRWA保健局長が、市井の人々の声を届ける。

地震予測は進化する！ 「ミニプレート」理論と地殻変動
村井俊治　0977-G
「科学的根拠のある地震予測」に挑み、「MEGA地震予測」を発信する著者が画期的な成果を問う。

歴史戦と思想戦——歴史問題の読み解き方
山崎雅弘　0978-D
南京虐殺や慰安婦問題などの「歴史戦」と戦時中の「思想戦」に共通する、欺瞞とトリックの見抜き方！

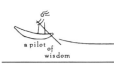